雷鐸國學小叢書

禪宗

智慧書

◎ 雷鐸 著

責任編輯　　黃婷婷
裝幀設計　　鍾文君

書　　名　　雷鐸國學小叢書·禪宗智慧書
著　　者　　雷　鐸
出　　版　　三聯書店（香港）有限公司
　　　　　　香港鰂魚涌英皇道 1065 號 1304 室
　　　　　　JOINT PUBLISHING (H.K.) CO., LTD.
　　　　　　Rm. 1304, 1065 King's Road, Quarry Bay, Hong Kong
發　　行　　香港聯合書刊物流有限公司
　　　　　　香港新界大埔汀麗路 3 6 號 3 字樓
　　　　　　SUP PUBLISHING LOGISTICS (HK) LTD.
　　　　　　3/F., 36 Ting Lai Road, Tai Po, N.T., Hong Kong
印　　刷　　深圳市恆特美印刷有限公司
　　　　　　深圳市寶安區龍華民治橫嶺村恆特美印刷工業園
版　　次　　2006 年 6 月香港第一版第一次印刷
　　　　　　2009 年 5 月香港第一版第三次印刷
規　　格　　大 24 開（160 × 205mm）196 面
國際書號　　ISBN 978 · 962 · 04 · 2571 · 4
© 2006 Joint Publishing (H.K.) Co., Ltd.
Published in Hong Kong

釋迦牟尼像（清代唐卡）

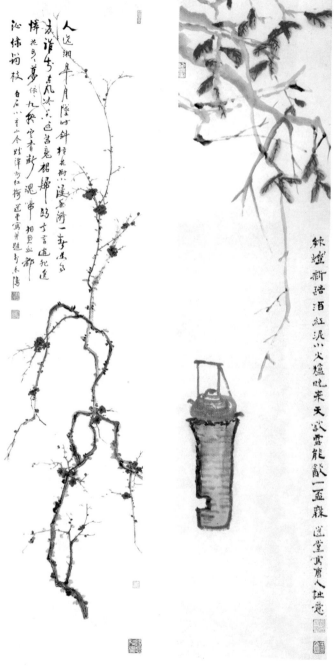

饒宗頤先生禪畫

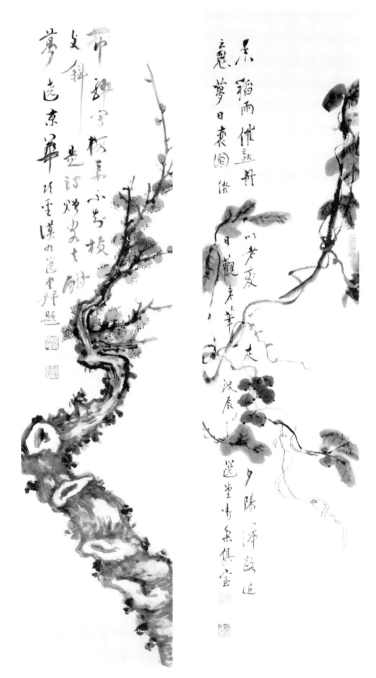

饒宗頤先生禪畫

唐戴嵩為韓滉
巡官師善以之為尤
工水牛其弟嶧六以
斗名惜世無傳本念曾
於五牛圖末得百一此
取之敦煌壁盉以白畫
筆法為之師存西州
舊本之梗概
歲在戊寅至日選堂識

饒宗頤先生作品

《名園芍藥》（清·吳昌碩）

《花果圖》（清·李方膺）

《青樓十二時》（日本‧喜多川歌麿）

目　錄

自序： 東方大智慧的 "禪" 與你我他

一、禪宗與我

　　世界上有許多學問，我們可以把它們簡單分成兩類：一類是有固定形態的、可以用準確的語言文字來表述的，例如數理化，可以用公式和文字，幾乎沒有差錯地來表述，這一類，基本上屬於 "知識"，它們好比水，可以用杯子或瓶子來裝載或計量；另一類是沒有固定形態而變化莫測、很難用語言和文字來表述的，它們往往是人類知識的頂端和最高形態，我們可以稱之為 "智慧"，因為它們像雲像霧，不能用瓶子或杯子來計量或裝載，所以，我們只能用其他辦法，例如打比方、畫畫或拍照的辦法來做略為接近的表達。禪宗屬於後者，它是一門很特殊的學問，開始是東方的學問，現在，已經成為整個人類最高的智慧之一，近年來尤其被西方人所重視乃至熱衷。

　　接觸禪宗之後，三十年來，我有幸得到幾個在禪學方面很有建樹的老先生的指點，在博大精深的禪海裏面用心觀賞、領悟、修習和使用，這對我自己，功莫大焉；對於需要幫助的人，禪宗幾乎是百用百靈的靈丹妙藥。

　　因為修習禪學的原因，曾經有好幾個人生遇到困境、絕望到想尋短見的陌生人，通過朋友來求救於我，我都使用了禪宗的哲理或比方（比方是禪宗修習主要方法的 "公案" 常用的方法之一），來引導這些在人生的迷霧裏面痛不欲生的人們，使他們化灰心絕望為生存的勇氣。

有一個女孩曾經因為最深愛的表弟自殺、自己失業又失戀，三者交纏，痛不欲生，說想出家當尼姑或者自我了斷。我用了十雙筷子總是會一雙一雙地丟失、十個飯碗總是會先先後後地打破的比喻，來讓她明白每一個人都有面對死亡的一天，只是有一些人就像最先丟失的筷子或先打破的飯碗一樣，這並非人能夠徹底改變的事實，解開她的第一個心結；又用那些比健全人或健康人更不幸的、看不見東西或不能夠走路，甚或得了絕症時日可以計數的人們對健全和健康人的羨慕，來讓她明白失業和失戀固然痛苦，但並非人類所不能承受的終極痛苦。女孩覺得人生的確如此，為什麼此前就是沉浸在自己的痛苦裏面不能自拔？我又告訴她，尼姑庵其實也不是一塊淨土，那裏集合的多半是心靈受到重創的人，那裏往往比俗世更加複雜，你爭我鬥更加嚴重，你即便去了還會回來的，女孩這時才破涕為笑告訴我，她其實是剛從尼姑庵跑出來的，也不想再回去了，此後要堅強活下去。

我自己，則將禪當作在沉重的工作壓力下保持輕鬆心態和健康生活的減壓劑、治療劑。由於同時涉足文學、學問和藝術三個不同領域，加上自己的事情和朋友們種種無法推脫的事情，二十年來，我差不多每天都同時操持着三件以上不同事情、每天工作十二個小時以上，但是，我用禪的精神，例如"人若春鴻事若夢，雲在青山水在瓶"的公案來指引自己：人要懂得像候鳥一樣尋找適應自己的生存狀態；每時每刻所面對的事情就像照在鏡子裏的事物，照在鏡子裏的時候就有，移開了，鏡子就空了。人應該每時每刻都學會像我們現在使用電腦時關閉多餘的窗口、文件，或者刷新界面一樣，"清空"自己的心靈，使負擔減到最少；這種隨境而化的狀態，就像水，在地為水、在天為雲，不拘形態，但求自在。類似的公案和禪學豁達安詳的精神，使我二十年來面對重壓，而能勉強應付下來（可能應付得還不錯），我非常感恩於禪。

人生有涯，學海無涯。中國傳統哲學，儒、釋、道三足鼎立。論正統規範，當數孔孟儒學；論繁雜奇詭，當數道學與道教；而若論玄奧博大，則當數佛教中的“哲學一系” —— 中國禪宗。

禪宗或禪學，雖源自西土天竺，但自成一宗，則始於菩提達摩西來，開一片新天，雖曾於李唐時盛行天下，但細究之，則仍然是“士大夫之學”，與尋常百姓並無多少緣分。所以，禪在中國，不及儒學之累朝歷代皆得皇廷青睞，又不及道教道學之深入村廓巷陌。

但是，從中國的明朝末年前後開始，禪宗日漸式微於其本土中國，於東鄰日本，卻頗熾盛；至上世紀二三十年代，禪宗由日本國傳至歐美，幾乎釀成狂熱；禪在域外之盛行，回風復潮，反倒引起國人的注意，尋根溯源，才知道“禪”原來是中國人的傳家寶，於是禪宗讀物，忽然盛極一時。禪的這種復興，是好事，像神話裏面的救命“靈芝仙草”一樣，有益於心理迷失的現代人。

二、禪是什麼東西？

“禪”是什麼東西？先舉一則“公案”（禪宗故事）為例 ——

唐代的神贊禪師出家於福州大中寺，後外出行腳時遇上著名的百丈懷海禪師，領受了禪法。神贊此時才知道自己在大中寺的業師尚未省悟，就回到大中寺。業師見他回來，問他有何收穫，神贊說沒有收穡。業師讓他仍做雜務。有一天，業師在窗下看經，正有一隻蜜蜂要飛往窗外，急切地撞擊着糊在窗櫺上的舊紙。神贊看到時機來了，就說："世界如此廣闊，不肯出去，卻鑽那故紙，一輩子也出不了！"業師一聽這話，十分震驚，放下經卷問他："你上回外出行腳，究竟遇上什麼人？"神贊如實相告，業師立即打鐘集眾，恭請他的弟子神贊為大眾說法。

神贊的業師當下大悟，從故紙堆裏走出來，出去行腳，到處參拜大師學習，從實際裏領悟禪的奧秘，後來也成為一個很有名的禪師。

那麼，可不可以說，處於迷惑狀態中的你、我、他，也如在窗戶上亂碰亂撞的一隻蜜蜂呢？假如我們對於生命、對於我們自己、對於這個世界，有多一些高屋建瓴的宏觀而智慧的見解，就如同蜜蜂找到了飛出門窗的去處，展翅高飛，才發現原來外面的天空是那麼廣大無邊，又何必在一片窗櫺紙上懵懵懂懂碰撞個不停呢？

回到禪的本意，來"說文解字"。

禪即"禪那"，乃梵文之漢語音譯，其意為靜慮、思維修。其修持的方法，叫做"心注一境，正審思慮"；而自釋迦牟尼座下"教外別傳"之後第二十八代傳人菩提達摩抵達中國，傳到第六代接班人六祖慧能時，才正式形成今日所謂"中國禪宗"——習慣上說的"禪"。"禪"與"教"（"別傳"之外大乘的各種教法，如淨土宗，法華宗之類）、"律"（佛教中的"律學"）成"三足鼎立"之勢。更後一些，佛教傳入西藏，又產生了西藏密教（又稱"密宗"），所以又有學者將當今世界的佛教分為"顯宗"、"禪宗"、"密宗"三宗。

簡單一點說，禪宗即"心宗"，重在"心"的"慮"與"修"，而不拘形跡、不重外表形式，因而，它與佛教教義深處求"空"的宗旨更吻合，與黃老之學的"無"的要義更暗合，"空"與"無"的深刻結合，使禪宗較諸另外兩者，更具哲學深度，因此，禪宗於近當代，漸漸風靡歐美，實在和西方人的哲學偏愛不無關係。

東西方在哲學和科學上，三千年來走了兩條很不相同的道路：東方人（如印度及中國）較重視經驗的、感性的和宏觀的把握，如中國人診病，於"望、問、聞"之外，主要靠三個指頭對病人腕上脈搏跳動形態的把握，千萬種不同的病的區別，便由這三個指頭所感覺到的印象來下結論；中藥沒有"化學分析"，其起源是"神農嘗百草"，依服用後之感受和結果來判斷它的效用；中國水墨畫的"筆含眾書"、"墨分五色"，憑的也是大量經驗積累之結果。

與此相反，西方近代科學的形成，是建立在實驗的、理性的、分割的把握之上：診病用儀器、用藥定量分析；西洋油畫講透視、人體解剖、光影對比、色彩分析，盡量精確又精確、細微又細微。

西方科學和哲學兩界不約而同"東尋"，終於尋覓到那個高翔於人類精神天空之上，那個可以用於統領被他們割裂了的世界和被切碎了的靈魂，那個種籽產於古印度、花葉盛開卻在千年前的中國、果子播撒到近代的日本的被叫做"禪"或"禪宗"或"禪學"的東西。

禪在它產生千餘年之後，終於成為一種世界性的智慧果。

三、我們今天怎樣學習禪？

當人們被摩天大樓壓得不能喘氣的時候，當人類被自己有意或無意"創造"或"合成"的新病毒病菌弄得羸弱不堪的時候，當地球外的臭氧層日益變薄和地球上海平面日益升高的時候，當人類已經只剩下小機巧、小智慧而尋找不到大智慧的明淨家園的時候，一種教導人類將三千個大千世界和一粒芝麻看成一個統一的整體、將人生的生老病死、苦苦樂樂和花落花開、塵起塵定看成相近的現象的"理論"或"哲學"被挖掘、重現，無疑是一件極有益的事情。

禪宗之傳習，在乎"傳"而不在乎"教"，明心見性、"不立文字"。但是，要學習禪，有師則可，無師則不得其門而入。雖說"不立文字"，但自六祖《壇經》之後，有關禪宗人物、公案、語錄一類的文字，汗牛充棟，原旨"不立文字"、"不落言詮"，而結果卻是文字氾濫，故前人有"葛藤禪"、"文字禪"之歎。這是一個兩難的的命題：能夠直接得到高僧直接指點和點化的人畢竟是幸運的少數；其他人，只能用間接的辦法，即通過語言或者文字，來領略和學習禪的修習的奧妙，用的卻是禪宗所不提倡的語言和文字的辦法。這樣做，就好比不能喝到原汁原味的雞湯，只好把雞湯做成"雞湯精華粉末沖劑"沖泡出來的"準雞湯"，雖然不及原始雞湯好，但還是多多少少可以領略到雞湯的味道並吸收它的營養。這叫做"退而求其次"，雖然是不得已而為之，但總比不得途徑而入要好一些。

四、關於本書

前面說到，禪是"不可說"、但為了傳達又不得不使用語言和文字的一種智慧體系，因此，本書力求拋棄用杯子裝載雲霧的妄想，而是用小孩子描述雲霧像"貓"像"狗"、像"山"像"老人"的辦法，力求形象，文字力求深入淺出，容易閱讀和容易明白。

本書的結構循序漸進，第一章是對禪的解釋；第二、第三章是關於禪的傳習史；第四至六章是禪的公案；第七章講解禪學當中一個特殊的問題——"頓悟"；第八至十二章介紹禪和中國三教中另外兩教——儒和道的關係，以及禪和中國藝術及日本藝術的關係；第十二章落到實處：如何通過修禪來解除人生的壓力和痛苦，求得自在和安詳。

近代有人類學家認為：兩三千年來，地球上叫做"人類"的這種靈長類動物，在智力上並未有大的進步，譬如，在哲學和文學上，人類的最高峰依然是兩三千年前乃至更久遠的那些巨人的身軀(例如西方的荷馬和東方的屈原)，人類所進步的僅僅是技術的積累和工具的改進——一台電腦永遠成不了詩人或哲學家。人類最偉大的幾個人物：釋迦牟尼、老子、孔子、耶穌，他們大約誕生於公元前後1,000年之間，而穆罕默德、菩提達摩和六祖慧能，則大約誕生於1,500年前，因此，今天哲學上的回歸或回溯，從現在這一代人或幾代人看來，是一種"迷失後的回歸"；但在幾百代人之後，即在一萬年或十萬年之後的子孫後代看來，這種1,500年乃至3,000年的回歸，其實僅僅是出門時忘了帶鑰匙，走了三步又返回去尋找的一種極及時的明智行為。

那麼，"禪"這個東西玄不玄？難不難？

又玄，又不玄；又難，又不難。

可以說，禪宗是關於人生的大智慧，一種使人通透的大智大慧的觀察角度，一個通向一般人思維視野所不及的更廣闊得多的天空。

這便是禪宗對現代人有用之所在。

苟用兩句古語加以改造，禪宗對於現代世界中的你、我、他，是：

古禪不知今時人，
今人可用古時禪。

2006年2月28日

66 ……禪心，也可稱為禪意，是一種人生哲學，以禪的平淡悠遠的態度面對生活中的一切，諸如生老病死。它是一個人的性格、天賦，是一種生活方式，生活藝術。它既可在禪門的高僧大德身上看到，也可以在非「專業」的各階層人士身上看到…… 99

第一章　永恆的智慧

——何謂 "禪"

▶▶ 大乘佛教創始人釋迦牟尼。

1. 什麼是"禪"

"禪"是古代梵文"禪那"（Dhyana）的音譯簡稱，又可譯為"禪定"，有"入定"、"靜修"之意，達摩對它的注解是"不立文字、教外別傳、直指人心、見性成佛"，即是說：它的傳道方式，主要不依賴文字（經典）和說法（語言），而依賴於老師對學生以心傳心，使學生明白自己的心性，以此快捷的門道達到"成佛"覺悟的目的。所以禪宗又稱"心宗"。

傳說大乘佛教的創始人、印度高僧釋迦牟尼，有一天在天竺（印度舊稱）靈鷲山上對眾門徒說法。門徒們肅穆聽說，釋尊卻不開口，忽然拈出一朵金婆羅花來，看着眾人。眾人不解其意。只有摩訶迦葉尊者一人，發出了會心的微笑。於是釋尊對眾人說："我有正法眼藏，涅槃妙心，實相無相，微妙法門，不立文字，教外別傳，付囑摩訶迦葉。"

這就是禪宗史上最有名的"釋尊拈花、迦葉微笑"的公案典故了。它的大意是說：釋迦牟尼除了講經說法授徒之外，還傳授了另外一個宗派——一種"不立文字"、"教外別傳"的教派，迦葉是第一代門徒，並成為印度禪宗的初祖。

禪宗在天竺傳到第二十八代，這盞"教外別傳"的"燈"，傳到了一個叫菩提達摩的和尚手上，達摩又從天竺來到中國，便成了中華禪的初祖。又傳了六代，這盞"燈"便到了將禪宗發揚光大的六祖慧能手上。

2. 禪的類型

用我們今天的知識來分析，"禪"有三種：一種是"禪法"，如"達摩面壁"式靜修坐禪的方法；另一種是"禪心"、"即心即佛"的人生態度；第三種是"禪學"，即對"禪理"的研究。當然，也可以作更為複雜的劃分，但諸法總是脫離不了"戒"、"定"、"慧"。

禪法早於達摩之前的漢時，便有高僧安世高，通過譯經予以推介，其後又有支謙在三國的吳地譯經，也重視介紹禪法。之後還有康僧會，詳細解釋了禪法的六妙門：數、隨、止、觀、還、淨。南北朝時，鳩摩羅什譯了《坐禪三昧經》等弘揚禪法的典籍。這個時期，北方修習禪法的人已經很多，其禪法還可分為不同的家數：一是念安般，即上面說過的六妙門，又分為四個等級，稱四禪定；二是念佛，即靜坐想念佛及佛土之莊嚴；其三是首楞嚴三昧，其意為用至剛的行事以完成解脫的大業。按現代人的眼光看，禪定的方法與西方的心理學或精神分析有相通的地方，故日本禪學大師鈴木大拙和心理學家弗洛姆（Erich Fromm）合著了《禪與心理分析》一書。此外，這些方法又與金庸的武俠小說裏的練功方法十分相似。

禪心，也可稱為禪意，是一種人生哲學，以禪的平淡悠遠的態度面對生活中的一切，諸如生老病死。它是一個人的性格、天賦，是一種生活方式，生活藝術。它既可在禪門的高僧大德身上看到，也可以在非“專業”的各階層人士身上看到。它是比禪法和禪理更古昔、也更廣泛的一種存在，也是佛法得以在各個民族中流傳的基礎，可以說是人性心靈中最深層的東西，這就是為什麼先人說“人人可以成佛”、“佛性不分南北”、“我心即佛”的原因。禪法是路徑，它可以是“條條道路通羅馬”，但首先“羅馬”（佛性）是存在的，否則任何路徑都無法抵達。說到底，人可以成佛，是一個信仰問題，是不能證明的，正如基督教所說的人可以進天堂一樣，其基本預設是相同的，東西宗教在此可以會通。中國歷史上有一個奇特的現象，就是許多士大夫潛心佛理，其成就遠非佛門中人可比。而禪也因此融會在中國的詩、書、畫，乃至音樂、建築、飲食等生活藝術的方方面面中。

　　禪學，自然是一門學問了，凡是學問，大多與專業有關，也與著述與傳授有關。禪學是研究禪理的，屬於哲學的範疇。可由於禪宗講究不立文字，對語言不信任，它就不可能像西方哲學那樣成為一個嚴密的體系。儒家原來只是倫理學，但受了禪學的影響，就有了哲學的味道了。禪學對儒學中的理學和心學的影響，我們以後會專門論述。

3. 禪與禪宗

　　“禪宗”是包容或超越這上述三種類型的，它的核心是“禪心”，而“禪學”，只是“指月”的“指頭”；至於“禪法”，不一定需要，譬如，慧能就反對枯坐的"枯禪法"。

　　要而言之，禪宗是一種不老的智慧。智慧和知識不同。知識是一種認識，它有相對性；而智慧是一種感悟，它是非相對的、無分別的。學禪，可以讓我們擁有禪宗高師們一樣的智慧和生活態度，在紛紛擾擾的大千世界裏，永遠保持純潔的童心、寧靜的禪心、智慧的菩提心，不為外物所移，不為生死苦樂所役，時時刻刻活脫脫、清湛湛、圓通通，生活得輕鬆而充實。

　　如果我們這個世界有更多的人悟了禪理，則這個世界便花紅柳綠，加倍美好。

　　總之，禪宗，以它源遠流長的歷史，以它大量生動的傳說和奇異精妙的禪語，以及對東方文化長期的深刻影響和對當今西方文化的不斷滲透，構成了一個深邃、廣袤的禪的世界。

　　在這個禪的世界裏，時而花紅柳綠，鼻豎眼橫，極為普通，極為平常；時而海底紅塵，火中白雪，奇特怪誕，令人驚疑。禪玄遠而貼近，平實而空靈，難以捉摸，不可思議，充滿了難解之謎，越是難解，越叫人着迷！

　　禪對成千上萬人的心靈親切呼喚：歸來吧！別迷途忘返，快回到自身的安寧家園。禪告諭人們：佛在自身中，此心就是佛，如能識自心，人人都成佛。

有關禪宗的故事，光是禪史中禪師們一代與另一代之間，如何收徒、授業、傳授衣缽，便可以寫成一本極具傳奇色彩的大書。從摩訶迦葉尊者傳至菩提達摩，禪宗已在西方世界傳衍了二十八代。達摩從印度來傳道，成為中華禪宗的第一代祖師，叫做'初祖'……

第二章　　不滅的明燈

——禪的傳習史（上）

1. 經達摩從印度傳入中土

有關禪宗的故事，光是禪史中禪師們一代與另一代之間，如何收徒、授業、傳授衣缽，便可以寫成一本極具傳奇色彩的大書。

在前面解釋何謂禪時，我們已提到"拈花微笑"這個典故。從摩訶迦葉尊者傳至菩提達摩，禪宗已在西方世界傳衍了二十八代。達摩從印度來傳道，成為中華禪宗的第一代祖師，叫做"初祖"，初祖傳慧可、慧可傳僧璨、僧璨傳道信、道信傳弘忍、弘忍傳慧能，上述這六位大師，便是一、二、三、四、五、六祖。

初祖菩提達摩，便是一位極富傳奇色彩的智者。公元527年，達摩從海路來中國傳道，9月21日，在廣州登陸，後應梁武帝之請，到了帝都南京。梁武帝號稱"佛心天子"，平日禮佛吃齋，建造許多佛寺，供養數以萬計的和尚，組織翻譯和抄寫了無數的佛經。他自以為功德很大，便問達摩，這些算不算功德？達摩說："不算功德。"這位南天竺大師的回答，很讓梁武帝惱怒。梁武帝只是一位

▶▶ 中華禪宗初祖（大乘佛教二十八祖）菩提達摩。

佛教的執著的信徒，並不懂得高層次佛學的精髓，所以覺得建寺譯經，功德莫大，而達摩是一位"以心傳心"的禪宗大師，認為弘揚佛法，最大的功德，應該是掌握大乘禪宗的精神精髓，取得與天地和諧的大道，因此回答這位居功自傲的皇帝"並無功德"。

與梁武帝機緣不合，達摩便北渡長江，到了嵩山少林寺，整天面壁而坐，潛心修煉，等待真正有慧根的繼承人的到來，時人稱他為"壁觀婆羅門"，這便是有名的"面壁十年"（一說"面壁九年"）的典故。至今，在嵩山五乳峰上，仍留有當年達摩面壁坐禪的石洞。傳說達摩死後，安葬在熊耳山，而魏國使者宋雲出使西域回來途中，卻在蔥嶺遇見達摩手提一隻鞋，翩翩而行，宋雲問他哪裏去，達摩說："西天去。"

這段故事叫做達摩"隻履西歸"，我們不妨把它當作傳說來看。

2. 初祖到六祖的一脈單傳

話說達摩歸西之前，有個法名叫神光的和尚，為求得達摩的真傳，於三伏酷暑隆冬大雪之中，久立在達摩門外，求達摩收他為徒，達摩不答應，神光意志如鐵，在雪地裏站了一個通宵，大雪埋住了膝蓋。達摩想進一步考驗他的決心，便說："要我收你為徒，除非門前的雪是紅色的。"神光聽了這話，從懷中抽出一把利刀來，砍斷了自己的一隻胳膊，鮮血染紅了階前的白雪。達摩見機緣已到，便收他為徒，為他改名"慧可"，傳授衣缽。這便是二祖"立雪斷臂"的故事。

這故事今天看來，很有點殘酷到不近人情，但它卻極符合印度佛

▶▶ 中華禪宗二祖（大乘佛教二十九祖）慧可

教——尤其大乘佛教創始人釋迦牟尼的風格：唯有捨得自身的一切，包括自己生命，去救苦救難的人，才能成立大道——一如敦煌"經變故事"中釋迦牟尼"捨身飼虎"。

"立雪斷臂"只是一個傳說，因為有的說法是慧可的手臂是被賊人砍去的。慧可俗姓姬，虎牢（在今河南）人，出家前讀過許多書，是一個學者，他感到"莊、易之書，未盡妙理"，改讀佛書，覺得十分投契，可見他是根器極佳的。所以，達摩傳法與慧可，可以看作印度禪宗轉化為中華禪宗的一個開端。

慧可繼承達摩，在洛陽一帶弘揚佛法，弟子很多。有一天，來了一個信奉佛教的出家居士，四十出頭，患有嚴重的風濕病（一說是麻瘋病），他請慧可為他懺罪，以解脫病痛。慧可說："把你的'罪'拿給我，我便替你懺悔。"那居士想了很久，說："我想找罪但找不到。"慧可說："那麼，我已經替你懺罪完畢。"那居士聽了這話，忽然開悟，說："我今天才知道罪業這東西不在自身，又不在身外，也不在身內與身外的中間，正如我們的心和佛法的關係一樣，是分不出內外中間的。"

這個居士的悟性很高，比慧可門下已經出家的和尚們更明白禪宗的精神實質，於是，二祖便為他舉行剃度儀式，為他取名"僧璨"。

　　後來，僧璨繼承慧可而成為禪宗的三祖。

　　二祖和三祖的這一段對答，很符合當年釋迦牟尼在靈鷲山上傳授給迦葉尊者的"實相無相"的要義。"實相無相"的意思是：真正的佛和佛性之真實面貌，是永恆而又無法用某一種具體東西來表達的。

　　"罪不在內"的典故，已經明顯地帶着中華禪宗後來一脈相承、直到慧能才真正發揚光大的"心宗"的玄秘色彩。

　　僧璨成了宗師。有一天，一個小和尚求他發慈悲，傳授解脫人間苦難的方法。三祖問："你要求解脫束縛，那麼，到底是誰束縛你？"小和尚想了半天，說："沒有人束縛我。"三祖說："既然沒有人束縛你，又怎麼需要求解脫？"小和尚聽了這話，忽然開悟，明白束縛"我"的，其實是"我"自己，只要自己不束縛自己，身心與天地融合為一體，來去無妨，不就成了大覺悟大自由之身嗎？

▲　中華禪宗三祖（大乘佛教三十祖）僧璨（左圖）。中華禪宗四祖（大乘佛教三十一祖）道信（中圖）。中華禪宗五祖（大乘佛教三十二祖）弘忍（右圖）。

這個小和尚便是後來的四祖道信。

　　道信廣授法徒，但沒發現符合他理想的接班人。一天，他在去湖北黃梅山的路上，遇到一個長相很出奇很清秀的小孩，便問他："小孩，你姓什麼？"小孩說："姓是有的，只是不是一般的百家姓。"道信問："是什麼姓？"小孩說："我的'性'是'佛性'。"道信發覺這小孩不但懂得佛法理論，而且根器很好，便進一步考驗他說："你怎麼會沒有自己的姓呢？"小孩說："佛性講'空'，我的性和佛性一樣，所以沒有。"

　　於是，這個才智不凡的神童，後來得到四祖的真傳，賜名弘忍，成為禪宗五祖。

　　由初祖到四祖，四個人選擇衣缽繼承人的方式都很特別，第一個是以真誠被錄取，血淋淋地"立雪斷臂"；第二個本是居士，年齡也偏大，但一言之下，悟出"罪不在內，不在外，不在中間"，像心和佛法渾然不分內外一樣，因而破格成為繼承人；第三個是個小和尚，卻由"沒人束縛我"悟到大自在的要義所在，所以雖然資歷極淺，三祖還是認定他是接班人的人選。第四個更出奇，是個神童，老師找弟子，"踏破鐵鞋無覓處"，但一切必然又常常在偶然的點上迸發，於是，一個"沒有性"的小神童，便成了赫赫有名的第五祖。

　　可見禪宗宗師們，即便在選接班人這樣的重大問題上，歷來便不拘一格——只要是真正的人才，不論"居士"也好，"小沙彌"也好，"風疾"病人也好，黃口小兒也好，只要根器好，便悉心培養為接班人，頗有點"唯才是用"的味道，這種選擇接班人的開明思路，不是很值得我們深思嗎？

▲ 慧能伐竹。

不過，最最有趣的，是後來成為禪宗六祖的慧能和神秀爭奪法嗣的故事。

慧能俗姓盧，父親早死，家裏很窮，靠上山打柴換些銀兩來養活老母親。他去黃梅山謁五祖時"人有南北，佛性無南北"的見面對答，已初露天才端倪；但五祖並沒有馬上為他舉行剃度儀式，正式接納他為佛門中人，而是分配他去寺後院的舂米房舂米。慧能一面勤勤懇懇勞動，一面不失半分時機，旁聽五祖說法和眾僧人論道，由此獨有深刻感悟。

當時，五祖門下，高徒雲集，而七百門徒當中成績最好的，大家認為是神秀上座。所以，當五祖覺得自己年事已高，應該選擇一個人來傳授衣鉢，要求門徒們每人寫一首叫做"偈子"的"詩體論文"來表達自己多年的學習心得之時，神秀以為法嗣非己莫屬，寫下了那首有名的四句五言偈子——

身如菩提樹，

心似明鏡台。

時時勤拂拭，

勿使惹塵埃。

　　這首偈子用毛筆寫在牆上，全寺上下，除了五祖弘忍，大家全認
為是第一流的答卷。慧能不認識字，叫別人讀給他聽，聽過之後，他
覺得神秀的理解並不到家──禪宗繼承大乘佛教，認為世界是"水土
火風"四大因素構成，一切肉眼能看見、肉耳能聽見的事物，全都是
一種過程而已，都會變壞乃至消亡的──人會死亡，山會崩壞，河會
枯竭，所以，追根尋底，最深刻的答案應該是：身心與大千世界合
一，與佛法合一，而不是什麼"身如菩提樹，心似明鏡台"，還停留
在"實相有相"的絕對論當中，所以，他半夜時分，便自己念成一首
偈子，請別人代他也寫在牆上，這便是更有名的慧能偈子了──

菩提本無樹，

明鏡亦非台。

本來無一物，

何處惹塵埃？

　　慧能這時節還是佛門中的一個臨時工，卻頗有釋迦牟尼"天上地
下，唯我獨尊"的自信，出言尖銳地批駁了神秀上座的"菩提樹"、
"明鏡台"、"勤拂拭"、"惹塵埃"的"有相"、"有為"觀。

▶▶ 中華禪宗六祖（大乘佛教三十三祖）慧能。

　　五祖看慧能已悟大道，夜裏三更約他到方丈室裏，用袈裟把慧能圍起來，以防被別人知道這次秘密的衣缽傳授儀式。五祖對慧能說：我把代表禪門法嗣的衣缽傳授給你，那麼，許多人不服氣，便會有人爭奪衣缽，甚至殺你，所以，接了衣缽之後，你的性命就像一根細絲一樣危險而易斷，你必須連夜南逃，等到時機成熟的一天，才能公開授徒弘法。

　　臨別前，五祖專門為慧能再講解一遍佛教《金剛經》，講到"應無所住，而生其心" ── 應該什麼掛礙也沒有，從而產生佛心佛性 ── 這一句的時候，慧能全身心通透起來，深深感歎說："真沒想到我們自己的心性本來就這樣清淨！真沒想到這自心自性是不生不滅的！真沒想到自心自性自足而不缺少什麼東西！真沒想到自心自性本來是可以不動搖的！真沒想到自心自性可以產生包容了美醜、善惡等等世間萬法！"慧能的這五個 "何期"（真沒想到）便是他感悟的最高心得。後來，慧能出家說法一生的言論集成一本被後人尊為禪宗寶典的《壇經》，所發揮的全部離不開這五個 "何期"。

　　這是後話。

3. 慧能與神秀的南北分流

話說慧能接受弘忍衣缽，弘忍大師親自撐船送他過江。慧能連夜潛逃，直奔嶺南而去。天亮時，眾人發現衣缽不見，神秀便問弘忍：“衣缽被什麼人得到？”弘忍說：“被有能力的人得到。”神秀才知道當上正式接班人的期望已經完全落空。

傳說神秀知道是慧能得了衣缽之後，即派殺手惠明和尚去追奪袈裟。到南嶺，殺手追上了慧能，慧能並不害怕，問明來意之後，安詳地向這個殺手講述了人生苦難來自貪欲，只有心存佛性——自足寧靜——才能永遠安詳寧靜、無憂慮、無恐懼、無掛礙的道理。那殺手當下感悟了慧能所掌握的佛法的偉大，當着慧能的面，扔掉大刀，拜慧能為師。這是一則慧能的弟子記錄下來的傳奇故事，可信與否，無法考證。

但是，對於禪宗衣缽的爭奪，的確是殘忍的，所以，慧能隱姓埋名十五年，天下人皆不知其所終。直到十五年後，廣州的光孝寺開壇講經，上座是印宗。印宗見殿前的佛幡在風中擺動不定，便問眾人：“到底是幡在動，還是風在動？”全體聽眾分為“風動”和“幡動”兩派，爭執不下。這時候，一個沒有剃度的人站出來說：“既不是風動，也不是幡動，之所以你們都說‘動’，是因為你們的心感覺到動啊！”

印宗聽了這話，知道來人並非普通人，當即下壇，問：“您莫不就是當年接受了五祖大師衣缽的慧能和尚麼？”慧能說是。

印宗即在光孝寺為慧能舉行剃落頭髮、授戒出家的大典，然後，自己也拜慧能為師。

如今，廣州的光孝寺，仍存有一座"落髮塔"，傳說塔中所埋的便是當年印宗和尚為慧能剃度剃下來的頭髮。慧能後來的崇高地位，使這一"落髮塔"也成為禪宗的一大聖跡。

慧能一生最光輝的傳教生涯是在曹溪寶林寺，又應邀去韶州大梵寺傳授"無相戒"，即將佛法中僧人必須嚴格遵守的"五戒三規"中的"皈依佛、皈依佛法、出家皈依僧"的"三皈"一下子砍掉兩個，只剩一個"皈依僧"——即是主張只要出家為僧，表示獻身與佛的事業，剩下的問題，便只有一個"悟"字了，只要悟到我們所見所聞的一切全是暫時的"無相"（實相無相），不思人們有為規定的一切來去存亡是非、善惡乃至生死，則佛心自生（"無住生心"），這樣的人，便可以是大徹大悟的禪師、智者、至人，乃至羅漢、菩薩、佛陀了。

用我們今天的觀念來看，慧能是當時極其大膽的。他使大乘佛教"自由化"，使之成為嚴密並且更單純而深刻，然而並不嚴格的一個佛學、佛教的派系。

因為此時的中國佛教已有過分教條和"經院化"的傾向，慧能這一天才而大膽的"宗教改革"，使佛教修行由一種常人可望不可即的"王謝堂前燕"，得以翩翩飛入"尋常百姓家"，所以，慧能門下的高徒雲集，其中包括不曾剃度出家的"居士"們，包括一些業餘修持的達官貴人，他們全以一種虔誠依賴的心情，拜倒在慧能這個不識字的、貧苦出身的"南獠"僧人的木棉袈裟之下。

與慧能的"平民化"的"頓悟說"相反，主張"漸修"的神秀被武則天尊為"國師"，請至皇宮裏講經佈道。但是神秀的歷史影響遠不及慧能。在慧能門下眾多的高明弟子之中，由南嶽懷讓和尚和青原行思和尚門下，又先後產生了"溈仰宗"、"臨濟宗"、"曹洞宗"、"雲門宗"和"法眼宗"，臨濟宗門下，後來又產生"楊歧派"和"黃龍派"，史稱之為中華禪宗的"五宗七派"。

"　為什麼慧能之後禪宗不是‘一脈單傳’，而是‘百花盛開’？因為慧能覺得傳衣缽選接班人是一件危險的事情，於是果斷大膽地廢除了‘一脈單傳’的‘正宗法嗣’傳嗣法規，由此產生了門風不盡相同，卻全是虎虎有生氣的五大門派，其中‘溈’、‘雲’……"

第三章　一花開五蒂

—— 禪的傳習史（下）

1. 禪宗的五宗七派

關於中華禪宗初祖達摩，有"一葦渡江"的傳說，說的是達摩法性高強，他北渡洛水的時候，腳下只踩着一叢蘆葦，便飄然踏水而過，而他手上，則拿着一枝花，那枝花不是"並蒂"，而是"五蒂"——"一葉五花"，古代的禪師們說：那是一種預示，預示着中華禪宗將在慧能時代達到全盛，一個枝頭開出五朵鮮花來。

為什麼慧能之後禪宗不是"一脈單傳"，而是"百花盛開"？因為慧能覺得傳衣缽選接班人是一件危險的事情，於是果斷大膽地廢除了"一脈單傳"的"正宗法嗣"傳嗣法規，由此產生了門風不盡相同，卻全是虎虎有生氣的五大門派，其中"溈"、"雲"、"法"三宗和"黃"、"楊"二派先後逐漸式微，宋朝以後只剩下曹洞與臨濟二宗。寺院幾乎都成為禪林，而禪林幾乎都為臨濟宗所佔據，故有"臨天下，曹一角"之說。

慧能的嗣法弟子有四十三人，神會的功勞最大。他在滑台無遮大會上一舉擊敗神秀的弟子，為爭奪法統取得了決定性的勝利，使南宗頓教盛行天下，而北宗從此漸漸銷聲匿跡。但神會沒有留下什麼門派，倒是在《壇經》裏地位不高的青原行思和南嶽懷讓，法嗣很多，並由下傳弟子先後創立了五宗七派。

青原行思的法嗣很多，其中最有名的是石頭希遷，石頭希遷傳藥山惟儼和天皇道悟。藥山惟儼傳雲巖曇晟，曇晟傳洞山良價，良價傳曹山本寂，良價、本寂兩人合創曹洞宗。天皇道悟傳龍潭崇信，崇信傳德山宣鑒，宣鑒傳雪峰義存，義存傳雲門文偃和玄沙師備，文偃創雲門宗。玄沙師備傳地藏桂深，桂深傳清涼文益，文益創法眼宗。

五宗七派形成過程

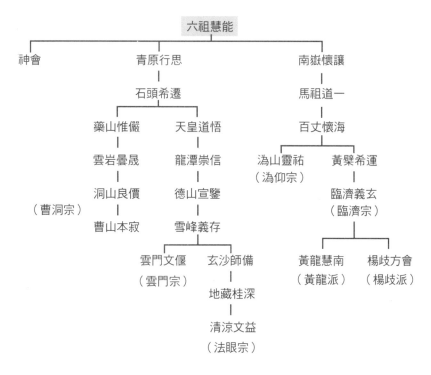

南嶽懷讓的法嗣很多，其中最有名的是馬祖道一，馬祖道一傳百丈懷海，百丈懷海傳溈山靈祐和黃檗希運。溈山靈祐創立了溈仰宗。黃檗希運傳臨濟義玄，義玄創立臨濟宗。臨濟宗下傳八世，又由黃龍慧南創黃龍派、楊歧方會創楊歧派。

以上是慧能下傳十三世，相繼創立五宗七派的情況。

2. 臨濟、曹洞二宗在日本的傳播

上世紀80年代，電視台播出卡通片《聰明的一休》，吸引了大人孩子的眼球。人人知道一休是一個小和尚，但卻不知道他和禪宗有什麼關係，他的聰明智慧是從哪裏來的。關於一休，有一個有趣的故事──他竟然把佛像拿來燒火取暖。當另一個和尚為此罵他，他就去撥弄灰爐，說是要找佛的骨頭（舍利），以此來回應那個和尚。可是燒佛取暖這件事早在中國唐朝的時候，就發生在丹霞天然禪師（739-824）身上了，所以一休只是模仿而已。

禪宗傳入日本，最早可追溯到奈良時代（710-794）。公元653年日僧道昭（628-698）入唐，從玄奘、窺基學唯識教義，同時在相州隆化寺從慧滿學禪，回國後在奈良元興寺開設禪院。弘仁年間（810-823），應嵯峨天皇的皇后（檀林皇后）的勸請，中國禪僧義空率法弟道肪到日本，開檀林寺，大力倡導禪宗。1011年日本天台僧人覺阿與法弟全慶入宋，從佛海慧遠禪師學禪，得楊歧派禪法而歸。

◀◀ 日本禪學先驅道元禪師的手跡。

他們雖為日本輸入禪法，但並沒有開宗立派。

日本禪宗創始人榮西（1141-1215），於1168年4月隨商船從博多到達明州（今寧波），朝拜了天台山和育王山，同年9月攜天台宗章疏三十餘部回國；1187年再度入宋，登天台山，從臨濟宗黃龍派第八代嫡孫虛庵懷敞學禪，並侍奉禪師左右，終得授正傳大戒，承臨濟宗正法脈。虛庵贈他僧伽梨衣為附法信衣，宋孝宗賜他"千光法師"封號。1191年回國，榮西先在博多建聖福寺，後在鎌倉壽福寺、京都建仁寺大力弘揚臨濟禪，成為日本禪宗初祖。

早在唐末曹洞宗創立之際，便有日僧能光（？-933）入唐，從洞山良價學禪，並得其心印。但能光死於中國，未能將曹洞宗默照禪傳回日本。真正將曹洞宗傳到日本的是道元（1200-1253），他是村上天皇第九代後裔、內大臣久我通親之子，十三歲出家歸依禪宗。1223年入宋，在天童山跟洞山良價第十四代正傳長翁如淨學禪，追隨左右四年，終於繼承其法脈，並得曹洞宗第八代祖芙蓉道楷所傳之法衣、頂相、嗣書等。1227年回國，初居建仁寺、深草。1233年，山城極樂寺修復，並改為禪院，四條天皇賜"興聖寶林禪寺"額號，道元在此廣集四方僧徒，開堂講法，此事被認為是日本曹洞宗之開端，道元被尊為始祖。

日本禪宗由於傳入者和所承法統的不同，歷史上形成了二十四個支派，稱為"禪宗二十四流"。由於日本禪宗的"護國主義"與"見性成佛"的特點，深得皇室貴族的青睞和幕府的支持，特別受到武士的歡迎。日本歷來有"武士好禪"的說法。臨濟宗深得朝廷、幕府的推崇和皈依，其影響主要在上層，信徒多為將軍、武士。曹洞宗主要在地方上傳播，其影響遍及下層，信徒多農民，故有"臨濟將軍、曹洞土民"的說法。

明治憲法頒佈（1889年）以後，確定了"信仰自由"政策，佛教重新被統治者加以扶植和利用，禪宗因而得以復興。目前日本禪宗約有近19,000座寺院，三萬多僧侶，852萬信徒。其中主要派別曹洞宗擁有寺院14,682座，僧侶27,512人，信徒800餘萬人，並擁有三十個中學林，一個大學林；黃檗宗擁有寺院500餘座，信徒35萬人。

3. 由鈴木大拙推介並在歐美產生影響

第二次世界大戰後，專門在美國和西方國家弘揚禪學，並使之傳遍世界的，首推鈴木大拙，他因此被日本政府封為"國寶"。

鈴木大拙於明治三年（1870年10月18日）生於日本的石川縣金澤市。原名鈴木貞太郎，學禪後改名為大拙，別號風流居士。初中畢業後當過小學代課老師，後升為訓導主任。二十一歲時到東京專門學校（早稻田大學前身）學習。同年開始接觸禪學，此後興趣越來越濃，曾隨今北洪川與釋宗演兩位禪師學禪。1893年隨釋宗演到美國芝加哥參加世界宗教大會，任其翻譯。此後，又擔任美國佛學家保羅‧克拉斯（Paul Carus）的助手。1890年他將漢譯《大乘起信論》翻譯為英文出版。1908年遊歷法、德諸國，後在英國跟瑞典波爾研究歐洲哲學。1909年回國後歷任學習院教授、東京帝國大學講師。1911年與美國人貝特雷絲‧雷恩結婚。再度赴英倫三島，介紹禪宗佛學。1921年回國，任大谷大學教授，創辦英語雜誌《東方佛教徒》

（Eastern Buddist）。後曾被授予哥倫比亞大學客座教授和夏威夷大學法學名譽博士稱號。他曾三次參加世界東西哲學家大會，在美、英各大學講授《禪與日本文化》等課程。1949年七十九歲時榮獲泰戈爾獎。1966年6月10日逝世（享年九十五歲）。

他憑着精通英文及對佛教、禪宗的參悟，極力向西方介紹禪的智慧，使歐美一些思想家第一次真正認識到東方思想的精髓，這對世界思想影響頗深。他27歲開始翻譯《老子道德經》，還翻譯有《大乘起信論》、《楞伽經》、《教行信證》，著有《大乘佛學概論》、《禪論文集第一》、《楞伽經研究》、《禪與日本文化》、《禪與華嚴》、《鈴木大拙選集》、《禪與心理分析》（與弗洛姆合著）、《禪者的思索》、《禪風禪骨》、《中國古代哲學史》、《佛教與基督教》等30多卷著作，為禪宗建立了系統的學說。因此，鈴木大拙被稱為"世界第一禪者"。節目製作人吉納在訪問鈴木大拙後感歎道："我發現鈴木大拙博士是個聖人"。從此，他被認為是"東方聖人"。

鈴木大拙的主要貢獻在於繼承、發揚禪學的宗旨，闡明禪宗與日本民族文化的深層關係。日俄戰爭喚醒了日本的古老的民族精神，日本人急切希望探索自己的精神遺傳。鈴木說武士道的人生觀與禪宗的人生觀甚為相近，日本人面對生死時顯然可見的安靜，甚至喜悅，日軍面對敵人的無畏精神，所有這一切都來自禪宗的精神訓練。他說禪者從理論的高處下降到個殊的世界，像眾生一樣生活着、受苦、忍耐和希望，但內心卻不受此世任何折磨騷擾。

鈴木大拙1934年曾遊歷中國，並同著名學者胡適、湯用彤等有過學術交往。歸國後著有英語版《中國佛教印象記》。現今對禪學稍有研究的中國人，都知道"鈴木大拙"這個名字，但同時也不免感到慚愧──從此，西方國家只知禪在日本，卻不知它淵源在中國。

……'公案'又常常稱作'參話頭'、'參禪'。我們日常所說'棒喝',也是公案的表現形式之一。'公案',就文字上的意義,本是古代官府判決官司是非的案例,引申的意義是:禪宗的師徒或禪友相互間的傳習、研討、'考試'……

第四章 妙高頂上不可言

—— 禪的"公案"（上）

1. 公案是參禪的主要方法

禪的傳習方法和修持方法，和普通佛教（如淨土宗）的區別在於：第一，它不注重宗教儀式，可以不禮拜佛像，不誦讀佛經，沒有那麼多清規戒律；第二，傳習的方式，極重視師徒之間的心心相印；第三，修習的方法，重視自我修養、修煉，求得一種突破式的"頓悟"。

達摩對這種中華禪宗的風格的概括是："教外別傳，不立文字，直指人心，見性成佛"。

"教外別傳"，是說它既發源於大乘佛教的創始人釋迦牟尼，卻又不同於釋迦牟尼傳習的以禮佛誦經持戒為主要表現形式的普通佛教（我們日常所見到的供奉有佛像的佛寺，從中國，到泰國、日本、韓國，禪宗之外的佛教，我們姑且統稱它們為"普通佛教"），普通佛教是"佛標身，經標口，塔標文"（佛像象徵佛的身體，經文表達佛的聲音，佛塔表示佛教崇高至上的意義），而禪宗，可以將"佛"、"塔"、"經"三種主要表達方式全部免去，所以是"教外之教"，或叫做"教外之宗"，又稱作"別傳"，即"另一種傳習方式"，這是很獨特的。

"不立文字"，是禪宗最神秘的一點──禪宗認為：最高境界的修煉，是不能用語言來表述的，因此，作為語言的符號──文字──也就成為多餘的東西。

但問題在於：既然要代代相傳，對於人類來說，人和人之間的思想或感情的交流，當面則往往離不開語言，間接則離不開文字。一方面既要"傳習",一方面又不要"語言"和"文字",那麼,豈不是不要船不要橋,卻要過河;不要翅膀,卻要上天麼?

正是這樣。

按禪的精神,一切都是"只可意會,不可言傳"的,所謂"說似一物即不中"——說它像什麼,便已經錯了。但禪宗又有另外一種說法,叫做"妙高頂上,不可言傳,第二峰頭,略容話會",就是說:到了最高境界,禪是說不明白的;但在比較初級淺近的層次上,還馬馬虎虎可以加以解說。

正是由於這樣一個不可思議的矛盾,才產生了禪宗特有的"公案",而由於有了"公案",才使禪宗產生了妙處無窮、智慧無比的獨特魅力。

中國禪宗史上留下的幾千則有文字記錄的"公案",正是中華禪宗的寶貴遺產的精妙所在。

"直指人心",是禪的風格所在——不在於訓練你的嘴皮,或增加你的知識,而在於開啟你的大智大慧,這便叫做"直指人心"。

"見性成佛",是中華禪的宗旨所在——不論什麼階級出身、什麼才智等級,只要你能悟明大道,見到自己的"真性",你便和"佛"到了同一個等級,即便是一個殺人犯或殺豬的屠夫,只要放下屠刀,明心見性,你立刻可以是"佛",即我們日常所說的"放下屠刀,立地成佛"。

——這一點,和別的宗教大不相同。它不是細雨潤土一般一點點去使土壤浸透式的"漸修",而是閃電在一瞬間穿透黑暗一般的天才啟發式的"頓悟"——"頓悟",正是中華禪的主流——以慧能為代表的禪宗南宗是最鮮明風格。

而這種"頓悟"的達成，往往要借助於"不立文字"、"直指人心"的傳習方法。

2. 公案及其類型

"公案"又常常稱作"參話頭"、"參禪"。我們日常所說"棒喝"，也是公案的表現形式之一。"公案"，就文字上的意義，本是古代官府判決官司是非的案例，引申的意義是：禪宗的師徒或禪友相互間的傳習、研討、"考試"，它的是非曲直，是嚴肅至上的，好比官府裏的"公案"。

我們在講解禪史的時候，所提到的禪師們的那些軼事趣聞，本身便全是"公案"，全都是一個一個有趣又深刻的小故事。

這裏不妨再試舉幾例——

慧能的得意門徒之一南嶽懷讓有個弟子，名叫馬祖道一，馬祖道一成為一代宗師之前，並不開悟，每天都在庵裏打坐，南嶽懷讓問他靜坐做什麼，馬祖說："想成佛"，南嶽想把他從歧途上拉回來，便拿來一塊磚，在馬祖坐着的石頭上"嗤嗤嗤"地磨個不停，吵得馬祖六神無主，便問南嶽："您磨磚做什

▶▶ 禪師馬祖道一。

麼？"南嶽說："想磨成一面可以照見人影的鏡子。"馬祖說："這麼粗糙的磚，怎麼能夠磨成鏡子呢？"南嶽說："粗磚不能磨成細鏡，難道死人一樣坐着就可以成佛？"馬祖被震撼了，但還是不明白不坐禪又怎麼才能修煉成佛，就問："那怎樣才是正路？"南嶽說："好比牛拉着車，如果車不走了，你是打車呢，還是打牛？"馬祖像醍醐灌頂一樣，馬上開悟了——是啊，要修成佛，到底是修身重要，還是修心重要？

顯然，重要的在於"修心"，即"見性成佛"，而不在於死人一樣坐着不動。

再講一個"一指禪"的公案故事。

唐朝中葉有個法號叫俱胝的和尚，以"一指頭禪"而聞名——他在別人問起"什麼是佛法"時，總是豎起一隻拇指，不說話。他門下的一個小沙彌（小和尚），也學他的樣子回答別人的提問。俱胝聽說後，在袖子裏藏一把鋒利的刀子，當小沙彌舉起指頭時，被俱胝一刀削斷，小沙彌疼得哇哇叫，往外走。俱胝突然喊："童子！"小沙彌回頭，想伸指頭，但指頭已經被師父削掉了，沒有東西可伸，這沙彌忽然間明白了佛理。

這是《傳燈錄》裏極有名的、但也是很有幾分殘酷的公案之一。

第三個公案，說的是五台山的智通禪師，年輕時在歸宗智常禪師門下修習。一天夜裏，他忽然大聲喊道："我大徹大悟了！"眾和尚以為他走火入魔了。第二天歸宗上堂說法，集合眾僧，說："昨天夜裏大徹大悟的和尚出來。"智通走出來。歸宗問："你悟到了什麼？"智通說："我忽然明白原來尼姑全是女人！"歸宗高度評價了他的認識。

上述三則公案都很奇特，代表了公案的三種類型。第一個，基本上是一種"文字禪" —— 老師對學生的一種言語接引："磨磚不能成鏡，枯坐也不能成佛"，比較淺近而好理解；第二個可以叫做"動作禪"：俱胝答問時並不開口，只伸一個指頭，是一種沒有言語的動作；他對小沙彌的開導，用的是有點不近人情的"削去指頭"的行動，但小沙彌因此而開悟；第三個可以叫做"自悟禪"，最後由老師"驗收"認可。

對於當代人來說，後兩則有點費解：俱胝回答"什麼是佛法"時，總是伸出一隻大拇指，它的含義是什麼？小沙彌斷指後，為什麼忽然開悟？智通回答"師姑元是女人作"，為什麼師父認為他真的開悟了？

這便進入到公案"不立文字"的層次了。俱胝每次伸一個拇指，這種無言的回答，在不同的問話人眼裏，可以有各種不同的含義，比如，可以理解為釋迦牟尼說的"天上地下，唯我獨尊"，可以理解為"萬法歸一"，也可以理解為"一粒沙子裏包容着一個世界的全部道理"等等佛法的基本命題。然而小沙彌並不懂這些含義，完全是"穿娘衣裳學娘樣"，是盲目的模仿；當他想伸出指頭而指頭已經不在的時候，他才忽然明白，"佛法"不是指頭，而是自己的心——當他疼痛難忍的時候，覺到"痛"的那個人，那個"我"，便是包容着"佛法"的"真人"。

至於"師姑元是女人作"的回答，乍聽近乎瘋話，但當在苦苦思索、苦苦尋覓之後，他便是悟到了宇宙和人生的真諦："花紅柳綠、鼻豎眼橫，皆是禪理"——在真正悟了禪的人的眼睛裏，一切的一切是平常又平常，花是紅的，柳是綠的，眼睛是橫着長的，鼻子是豎着長的，這在禪宗裏，便叫做"吃飯喝茶，無非妙道"——日常最普通的事情裏，全都包含着全部高妙的禪理。

3. 學禪的三個境界

有人會問："柳綠花紅，眼橫鼻豎，和尚是男的，尼姑是女的"，這不是三歲小孩都懂得的麼？

是這樣，又不是這樣。

不妨再舉一則公案來說明這個道理。

一代高僧青原惟信和尚有一段千古名言，描述了學禪所經歷的三個不同階段，不同境界。他說："老僧三十年前來參禪時，見山是山，見水是水；及至後來，親見知識，有個入處，見山不是山，見水不是水；而今得個休歇處，依前見山只是山，見水只是水。"

第一境"見山是山，見水是水"，是普通人的"見"，即"知道"而不曾"認識"；第二境，有老師接引，山不是山，水不是水，懂得世界是時刻變化的：山會崩壞，水會枯竭；山是土，是石；水也可以是雲，是雨。這是"色即空"的觀點，即世界一切都是由"水土火風"四大要素組合而成的變化觀點，但還不"究竟"。真正的"究竟"，是第三個境界——認識到山便是山，水便是水，男人便是男人，女人便是女人——正是這些平平常常普普通通的事物或常識，構成了禪宗"一切天然"、"天然即是大道"的終極認識觀。

如果這個公案還不夠明白，我們還可以舉個中國人熟知的典故：
"庖丁解牛，手有利刃，目無全牛，遊刃有餘"——一個庖丁（廚師）
殺牛時，不把牛當作牛，只覺得那一堆骨頭連着筋腱，骨頭和筋腱外
面包着肉，肉的外面披着一張皮。庖丁殺牛的時候，刀子在牛的骨頭
縫中間來回走動，碰不到牛骨頭，所以一把刀用了三十年，還和新的
一樣。

　　庖丁的技藝真高超。

　　但用禪宗的觀點來看，庖丁的認識也不"究竟"，而只停留在"山
不是山"、"牛不是牛"的第二境界。

　　為什麼說"山不是山，水不是水，牛不是牛"，還是"第二境
界"？因為他沒有認識到，由一堆骨頭、筋腱、肉和皮組合起來的
牛，是一條活生生的生命，這活生生的生命裏面，也有禪宗稱為"佛
性"的最重要的東西存在。

　　要說透這層道理，我們可以再舉一個公案為例——

　　禪宗典籍《五燈會元》裏講過這樣一個故事：從前，有個老太太
供養一個在草庵修行的人，每天，都叫一個年輕貌美的姑娘給這個和
尚送飯。有一天，老太太叫送飯的姑娘把和尚抱在懷裏，問他有什麼
感受。那和尚回答："枯樹倚着冷石頭，三冬沒有溫暖感"，那女子
回去把經過說給老太太聽。老太太聽了，長歎一聲說："我二十年
來，只供養了一個很沒出息的俗人！"於是趕走了和尚，燒掉了草
庵。

　　老太太為什麼如此深深失望，發覺只供養了一個"俗漢"？因
為，那和尚修行了二十年，只到"男人非男人，女人非女人，男人如

寒岩，女人如枯木"的層次，不但達不到愛人生、愛世界的博大境界，連最初的人生意識也丟掉了，這樣的修行，又有什麼益處可言？

　　由"庖丁"到"俗漢"，我們可以初步瞭解到，禪宗所追求的最終目標，不是"肢解"世界、"肢解"人生，反之，是通過剖析或思考世界與人生，達到理解和熱愛世界與人生的"大圓通"境界，這才是活脫脫的禪的境界。

關於和尚和尼姑、和尚和'豔情'的公案不再枚舉，至今似乎也沒有人從這個角度上談論過'公案'。我再三舉例'和尚尼姑公案'，只想說明一點：'公案'原來是極活潑極新鮮極生動極有趣又極有深意的故事，'參禪'也絕非高不可攀的高山或深不可測的深淵⋯⋯

第五章 少年一段風流事

——禪的“公案”（中）

1. 指頭與月亮

前面我們說了什麼是"公案"，舉了六個"公案"故事："南嶽磨磚"、"俱胝削指"、"智通夜悟"，代表了公案中"文字接引"、"動作啟迪"和"自悟印證"三種類型，再由青原惟信的"學禪三境"，引出"庖丁解牛"、"婆子燒庵"兩個故事，後面三則，為的是解釋前三則公案的內涵，但同時也便進入了"什麼是禪"的命題，初步向讀者解釋了禪宗"教外別傳，不立文字，直指人心，見性成佛"的"十六字方針"和它的極其豐富生動內涵的一部分。

"公案"是"禪教"最基本的教學誘導方式，"禪心"，則是這種教學誘導要達到的根本目的。

禪是什麼？

禪是月亮，禪是大海，禪是春天裏燕子的呢喃，夏天裏雷霆的震盪。

但是，如果你告訴一個沒有見過月亮的瞎子"禪是月亮"，告訴一個沒見過海的山裏人"禪是大海"，告訴一個什麼也聽不見的聾子"禪是鳥啼與雷鳴"，他們還是不懂，因為，禪不是可以傳授的"知識"，而是只能體驗的"智慧"。於是，禪師們對初學者使用的方法，便只能是"接引"，好比一個接生婆，從一個孕婦肚子裏，接引出一個新生兒來──倘若學禪人本身不懷"嬰兒"，怎樣"接引"都是枉然；反之，遇到一個"難產"的"產婦"，接生婆及時和得法的"接引"，便是使一個新生命順利誕生的關鍵一着。

禪師對不同的人，在不同的時間，會用不同的"接引"方法，這就叫"啐啄同時"。接引的時機非常重要,好比蛋孵到第二十一天,小雞快要出殼了,小雞自己在裏面想出來,咬着蛋殼,這叫做"啐";母雞在外頭敲着蛋殼,這叫做"啄",兩者同時用了,雞蛋破殼了,小雞便也出來了。母雞"啄"得太早,小雞還沒有發育成熟;"啄"得太晚,小雞又可能憋死在蛋殼裏。這便是高明禪師的接引技巧了。

有一個小和尚問老和尚:"不立文字,為什麼還要留下這麼多用文字記載的公案?"老和尚用手指着天上的月牙,問:"看見了嗎?"小和尚問:"看見什麼?"老和尚伸出指頭說:"雲後面有個彎彎的月牙。"小和尚順着老和尚的指頭,找到了隱隱約約的月牙。老和尚把手指移開,問:"看見了嗎?"小和尚說:"看見了。"老和尚說:"看見月亮,我的手指不就可以移開了嗎?"

小和尚開悟了——禪是"不可說"的月亮,"公案"是老和尚的指頭,"公案"之所以"立文字",其實是為了讓還沒有入門的修習人方便找到"月亮"。

這便是禪宗一面主張"不立文字",一面又留下許多"公案"、許多文字的緣故。

又有一個學者,讀遍經書而不明白禪理,便問禪師什麼是禪。禪師說:"從前有一條小魚問大魚海在哪裏。大魚說:海不就在你四周,你不就在海裏嗎?小魚說:我怎麼到處找也找不到?大魚說:海在你外面,也在你裏面。"學者聽了,頓時明白,說:"日食三餐,夜眠七尺,而不知所以。"意思是:"我現在才明白,人生本身,處處都生活在禪裏,過去卻一直不知道啊!"

禪就像月亮，白天黑夜都能照着我們——只是在白天，它被太陽的光淹沒了，或被地球擋住了，月亮還是那輪月亮，它沒有變盈變虧，也沒有失去，見盈見虧或視而不見的，是我們的"經驗"。

禪就像大海，我們就像魚，生活在海裏而不知海在何方。

其實，我們的這種表述，還僅僅是"第二峰頭，略容話會"的勉強解說而已。"什麼是禪"，遠不是這麼簡單。

2. 禪意也"多情"

禪機禪理很高深，但又常常很有趣，有趣到使你忍俊不禁。比如，和尚和尼姑，和尚和女色，應當是保持距離、保持嚴肅的，但在真正的禪師眼裏、口裏和行動裏，卻常常有令你意想不到的故事發生。試舉幾個案例——

佛果克勤是五祖山法演禪師侍者，還沒有剃度。有一天，一位管刑法的官員陳某，退休回家途中前來訪問法演禪師，問如何才能認識自己本來面目。法演回答說："我記得有兩句詩，叫做'頻呼小玉原無事，只要檀郎認得聲'，此中事不知長官領會得了嗎？"這位陳姓退休官員說領會得。法演便問："會得聲，會得意？"長官頓時蒙住了。

過了幾天，克勤從外面返寺，問起師父這件事，法演說那位刑官只認得聲，不認得意。克勤再問下去，法演道："如何是祖師西來意？庭前柏樹子！你道會也不會？"克勤聽後會心，作禮退出。出門見到一隻雞飛上欄杆，拍着翅膀鳴叫，頓有所悟，便做了四句"豔詩"（偈子），重入師父禪室呈上："金鴨香銷錦繡幃，笙歌叢裏醉扶歸，少年一段風流事，只許佳人獨自知"。

這詩，表面看，是在說一段少男少女偷情的故事，而它的意義，卻在展示悟道禪人開悟之後，有一種"如魚飲水，冷暖自知"的銘心刻骨的體驗。五祖聽後極高興地說："此佛祖大事，非小根器所能造詣，我為你歡喜。"

用香豔的愛情詩來表述禪理，多麼新鮮有趣又多麼深刻貼切啊。

唐代的永嘉真覺禪師，收了一個女弟子，即尼姑，名叫玄機，還帶着她一起外出四處"遊方"。有一天，玄機去拜見大宗師雪峰和尚。雪峰問她："你從哪裏來？"尼姑說："大日山來。"雪峰問："大日山日出了嗎？"尼姑說："要是日出不就融化掉雪峰了嗎？"——這話是對雪峰的一種挑戰，在公案裏叫做"機鋒"——雪峰是個大師級和尚，並不惱怒，又問她："你叫什麼名字？"尼姑說："玄機。"因為在古語中玄機的"機"字和織布的"織"相同，所以雪峰接着問："你一天織幾匹布？"玄機回答："我一絲不掛。"話裏的意思是："我已經悟道，心裏不掛一念"，但表面的意思卻是"不穿衣服"。雪峰不說話，玄機以為自己鬥贏了，便行了禮，退出去。才退三五步，雪峰忽然在她背後大喊一聲"玄機，你的袈裟拖地了！"玄機急忙回頭，看看袈裟，並沒拖地，雪峰哈哈大笑道："好一個'一絲不掛'！"言下之意是：你說你"一絲不掛"，為何還記掛着身上的衣服？

在這場"公案"的交鋒中，聰明的玄機到底還是敗在雪峰老和尚手下。

而雪峰對自稱"一絲不掛"的年輕尼姑的善意戲謔，乍看不是帶有幾分輕薄的意味麼？

這便是禪的有趣和可愛之處。

另一個老和尚和尼姑的對答公案，也很精彩。

老和尚是趙州從諗大師。一天，一個尼姑請教他："什麼是禪最深刻的道理？"趙州便伸手去觸摸尼姑的肩頭。尼姑以為老和尚"心懷不軌"，便退後一步，說："想不到你還有'這個'在。"尼姑說的"這個"，顯然是指非禮之心。趙州大笑說："是你自己還有'這個'在。"趙州回答的含意是："我心清淨，在我眼裏，並無男女之別——男女同具佛性，倒是你自己還記掛着禮與不禮的分別心啊！"

有個法號叫做慧春的尼姑，長得很美。在一次法會上，一個年輕和尚愛上了她，便寫了一封約會的情書。第二天，主持的方丈說法完畢，尼姑站起來說："昨天寫信給我的比丘，若是對我有真情，請現在就站出來，在這裏擁抱我。"自然，那和尚沒有這個勇氣。我們按照禪宗的風格，可以設想，如果這個和尚真是一個大徹大悟的人，必定會在這個時候站出來，至於是否擁抱或是繞着尼姑走三圈，或是念兩句"少年一段風流事，只許佳人獨自知"之類的話，那是他的機鋒的選擇，不關我們的事，方丈也一定不會責備他，反倒會認為他已經走入境界，因為在禪師眼裏，凡人認為大逆不道的，倒常常是大有深意的公案。可惜那和尚並未開悟，所以在尼姑勇敢的挑戰面前吭都不敢吭一聲。

坦山和尚和另一個和尚在行腳途中，看見一個漂亮女子過不了河，坦山便把那女子抱過河去。兩個人繼續往前走，走了很久，那個年輕和尚忽然問坦山："出家人不可接近女色，更不可有肌膚之親，師父您怎麼可以抱着她過河呢？"坦山呵呵笑道："我早就把她放下了，你怎麼到現在還抱着不放呢？"

坦山是真性情，抱得起，放得下，心無掛礙，真是個坦坦蕩蕩大丈夫；年輕和尚卻執著教義，畏手畏腳，另一面又念念不忘，反倒見出他對女色抱不起也放不下的"道外人"的小根器。

好了，關於和尚和尼姑、和尚和"豔情"的公案不再枚舉，至今似乎也沒有人從這個角度上談論過"公案"。我之所以不避累贅，再三舉例"和尚尼姑公案"，只想說明一點："公案"原來是極活潑極新鮮極生動極有趣又極有深意的故事，"參禪"也絕非高不可攀的高山或深不可測的深淵——禪可以極嚴肅，也可以極鮮活，這正是禪比其他佛教派別更具有歷千年而不衰，乃至使當今的東方智者和西方學者都傾倒不已的原因。

當然，不是所有的公案都這般富有喜劇或戲謔色彩。公案是變化多端、詭秘莫測的——有時花發鳥啼，眼橫鼻豎，平常如吃飯飲水；有時又海底紅塵，火中白雪，怪異如魔幻仙境；有時又雷鳴電閃，地裂山崩，雄奇如天地驟變……

禪便是這樣多姿多彩，令人目不暇接，神思馳騁而不可追，因而，它給人的啟迪，就遠在"教內正傳"的枯燥經書之上。

3. 萬法終歸一

俱胝和尚得道之前，一個人住在山上草庵修行。有一天，來了一個法號實際的尼姑，戴着草笠，來到草庵，繞着俱胝的禪床走了三圈，然後說："你若是說得出一句禪語，我就摘下草笠。"俱胝不知道說什麼好，尼姑便得勝走了。俱胝覺得很丟面子，便向天龍禪師請教："我徒有男人的身形，卻沒有大丈夫的氣慨，連個尼姑的機鋒都擋不住，請老師開示！"天龍豎起一個大拇指，俱胝當即明白，天龍是以"萬法歸一"來回答那尼姑關於"三寶"的啞謎；而俱胝後來的"一指禪"，也便是由天龍禪師那裏接受來的。

　　一名叫法達的僧人，七歲出家，讀了3,000多部佛經。他最初參見六祖慧能時，也不施大禮，可能他覺得慧能這個文盲也沒有什麼了不起。慧能便告訴他即使讀了萬部佛經，也沒有什麼好驕傲的，他問法達："你念《法華經》，以什麼為宗？"法達說："我只知道照字讀經，哪管什麼宗旨。"慧能不識字，因此叫法達把經文念一遍，他好為法達解經。當法達讀到"譬如品"時，慧能說："停，夠了。不管多少譬如，都沒有超出'因緣出世'的宗旨。經上說'諸佛世尊，惟以一大事因緣故出現於世。'這件大事，就是佛的知見，世人外迷着相，內迷着空。若能於相離相，於空離空，即是內外不迷，若悟此法，一念心開，是為開佛知見。"經過慧能的開導，法達終於大悟。

　　法達執著於文字相，這是禪宗最為避忌的，他雖然閱讀了上千部經典，卻不明白其中的宗旨，這就是學禪者常說的"縱閱得一大藏教經意，而未能悟涅槃妙心，也是枉然"。經籍可以有上萬卷，妙心（宗旨）卻只有一個。這個故事比俱胝的"一指禪"更詳細地說明了"萬法歸一"的道理。

在常人眼裏，‘知識’和‘邏輯’才是正確的；而禪宗是更深一層、更高一層的智慧，它認為，知識與邏輯，是偏頗的、片面的，世界上的一切事物，‘分別’僅僅為了認識的方便，但分別卻僅僅是‘接近’，‘接近’便不是那個事物的本體——事物的本體是本體本身……

第六章 橋流水不流

——禪的 "公案"（下）

1. 超越邏輯和知識

空手把鋤頭，

步行騎水牛。

人在橋上過，

橋流水不流。

— 傅大士

　　這是後人稱為 "傅大士" 的善慧大士所寫的四句詩。在禪宗史上，這首詩極其有名。

　　但它如果用知識或 "科學" 來衡量，何止不通，簡直是 "癡人說夢"。

　　既然 "空手"，又如何能拿鋤頭？如果拿着鋤頭，便已經不是空手；既然 "步行"，又如何能騎水牛？如果騎着水牛，便不可能同時步行；"水流橋不流" 是天經地義的，"橋流水不流" 誰見過？

　　這樣 "狗屁不通"、違反邏輯的詩為什麼那麼有名，並且千古流傳？傅大士又是個什麼人物？

　　先回答第二個問題。

　　在禪宗史上，傅大士是個 "二等聖人"，位置僅在慧能之類 "一等聖人" 之下，他的事跡，與民間熟知的濟公很有相似之處。

　　傅大士與達摩同一時代，是中華禪宗萌芽時期的代表人物之一。有一天，"佛心天子" 梁武帝召見他，他瘋瘋癲癲地穿着和尚袈裟，頭戴道士帽子，腳穿儒士鞋子。梁武帝問："你是和尚嗎？"他指指頭上的道士帽。武帝問："你是道士嗎？"他指指腳下的儒士鞋。武帝問："那麼你不是出家人了？"他卻又指指身上的袈裟。

非儒、非釋、非道，又是儒、是釋、是道。

傅大士用無言的行動，道破了禪宗是"儒釋道三體合一"的精深道理。

上述"矛盾詩"，便是這個人的傳世之作。其實，如果我們仔細探究的話，我們會驚奇地發現，傅大士瘋瘋癲癲的詩，竟暗含着當今先進科學的思維與事實。

譬如，我們把"空手把鋤"換成"空路行車"——路上沒有東西，卻行走着車輛——當今的"懸磁浮高速火車"不正是如此麼？我們把"橋流水不流"換成"梯走人不走" ——樓梯走着，人卻不走——當今的扶梯不正是如此麼？

不過，我們的這種解釋還是膚淺的，有悖禪宗原意。在禪宗的思維裏，真正的境界是"言語道斷"——用通常的語言表述，路就被堵塞了。

也就是說，禪是"非關語言"、"非關文字"的智慧，它和知識是不同的。

人類的"知識"可以分為兩種：一種是可以意會也可以言傳的知識，例如自然科學。它是通過用概念去指稱事物，用推理、形式邏輯以及統計學之類來建構完整的、無懈可擊的理論體系的，這一類知識，是我們通常稱為"知識"的知識；另一種知識，是只可意會不可言傳的東西，例如對一種事物的體驗，對美醜、生死、喜怒哀樂的感知與判斷，是語言、文字、概念、統計學等等所無法表述明白的，故嚴格地說，它們是"智慧"而不是"知識"，知識可以互相傳習，智慧卻只能靠個人去體驗與感悟。

禪宗的公案之所以常常極其令人費解，正是由於它是"感悟慧悟"而不是"傳習知識"，這是對邏輯與常理的否定、反叛和超越，而因為這種"超越"，才使禪不落入"知識"的舊軌道裏去。

也正是由於這個原因，禪宗才別開生面而不會被別的學科所取代，也正是同一原因，禪宗才歷千餘年，到了實證科學發達到令人歎為觀止的今天還煥發着日益輝煌的生命力及魅力。

傅大士說"空手把鋤頭，步行騎水牛，人在橋上走，橋流水不流"，不是很形象又很典型地概括了禪宗公案中令人迷惑不解的其中風光麼？

還記得那個"滿杯注水"的公案嗎？——杯子滿了，水便再也注不進去。

禪學和我們日常承襲的"知識"是不同的，是一種"如魚飲水，冷暖自知"的感受和體驗，它不能用概念和公式來表達。譬如有人問你："菠蘿蜜是什麼味道？"你說："像菠蘿，又比菠蘿少了一點酸味，多了一點甜味，還有一種說不出來的怪味。"即使說得如此詳細，沒吃過的人，也還不知道它確切的味道是什麼。

所以，若按禪的思路，如果有人問你："什麼是菠蘿蜜的味道"，你只能回答："吃"，或者是："菠蘿蜜"；如果有人問你"初夜的感覺是怎樣的？"你只能回答："過"或者是"初夜"。禪是"水"，知識的表述方法是"竹籃"，竹籃不能打水，所以，禪只能用超越於我們日常知識的方法、一種很奇特很微妙又很切實的方法，才能開啟人的比"知識"更深一層的"大智慧"之門。

上一章，我們講了"和尚和尼姑"之類有趣的公案，為的是引起諸位讀者的興趣；但那樣並沒有使人真正進入禪的大好風光的大門，所以，這一章為解說一種不能解說的東西，費了很多口舌，其實還是"竹籃打水"，最多在竹籃上沾了一些水珠而已。

——真正禪的風光是什麼？

——回答是："悟。"

2. 說似一物即不中

"一宿覺"是一個有名的公案。唐代的永嘉玄覺和尚讀《維摩經》豁然有悟，但他不知其所悟是否"正道"，便去六祖慧能處求印證。

見到六祖後，他振動錫杖，繞着六祖的法座走了三圈，便卓然不動。六祖問："出家人，必須具備三千種威儀，八萬種細行，和尚你從哪裏來，竟然這般傲慢？"

玄覺說："生死事大，變化無常而迅速。"

六祖問："為什麼不去領會無生無死的妙法、了悟無速無慢的道理呢？"

玄覺說："領會本無生滅，了悟也無遲速。"

六祖聽後大為讚賞："不錯，正是這樣！"看見這一切的眾僧人無不大為驚訝。

這時玄覺才按照禮儀參拜六祖，片刻後告別要走。六祖說："回去得太快了吧？"

　　玄覺說："本來便沒有動，哪來的遲速？"

　　六祖說："誰知你沒動？"

　　玄覺說："是您的分別心產生動靜遲速。"

　　六祖說："你深得無生無滅的意思。"

　　玄覺說："不生不滅，又怎麼會有'意思'呢？"

　　六祖讚歎說："妙極了！好極了，你就在這裏住一個晚上吧。"

　　當時人們把這"一宿覺"傳為美談。

　　——請注意，這則禪話，我之所以不嫌其長，詳細引用，是因為它具備了禪宗公案的幾乎所有要素。

　　第一，對開悟的僧徒們的接引，講究時機，即"啐啄同時"。這時的玄覺，已是雞雛，即將出殼，慧能的"考試"，正是一種及時的接引、印證和認可；第二，玄覺"初到振錫，繞祖三匝，卓然而

第六章　橋流水不流

立"，是一種"不立文字、不看一物"的禪宗實踐，是無言的應試；第三，六祖的接引方法，是問答，這問答，看似平常，卻句句有機鋒在；第四，玄覺的回答，以攻為守，以否答來答問，正符合"說是一物即不中"的"有言之無言"*；第五，經過幾番來往交鋒，六祖確認玄覺已深得"無有無無"的"中道"**之深奧法旨，於是肯定了玄覺所悟的是"正道"，留他住一夜，正式承認他為合格的弟子。

一切有名的公案，差不多都離不開上述五點中的一點、兩點或全部。

南嶽懷讓禪師往曹溪拜見六祖，六祖問："你近來離開什麼地方？"懷讓說："離開嵩山，特來拜見您。"六祖問："來的是什麼東西？"懷讓回答不了。八年後，懷讓突然省悟，對六祖說："說它像一種東西就錯了。"

這便是"說似一物即不中"著名公案的由來。禪"不可說"。

3. 可意會不可言傳

一個和尚問桂琛禪師："什麼是你老人家的傳統風格？"桂琛說："不跟你說。"和尚問："為什麼不說？"桂琛說："這就是我的傳統風格。"

＊有言之無言：例如：問："如何是祖師西來意？"答"麻七斤"或"庭前柏子樹"或"乾屎橛"，說了等於沒說，要你去悟。

＊＊中道：不偏不倚謂之"中"。但"中道"不是"中庸"，而是"道"，即不偏頗的"玄旨"。

另一禪師洞山良價在去世前，做了一首禪詩——

學者恒沙無一悟，
過在尋他舌頭路。
欲得忘形泯蹤跡，
努力殷勤空裏步。

詩的核心意思是：像恒河沙子一樣多的人之所以不開悟，原因在於只在語言和經典上找出路，這便叫做"尋他舌頭路"，他警告："此路不通！"

脫離了對語言文字的依賴，開悟的大路才展示在面前。語言文字可以傳習知識，卻不能了悟大道，這便是禪宗"超越語言"的根源所在。

但怎樣才能"超越語言"呢？

有個和尚問趙州禪師："達摩祖師從天竺來中國的目的是什

▶▶ 禪師南嶽懷讓。

▶▶ 法眼宗創始人清涼文益。

麼？"趙州回答："你看庭院裏的柏樹吧！"和尚說："您別拿境物*
來回答。"趙州說："我不曾用境物來回答。"

趙州有點"強詞奪理"，明明是答非所問，明明是用境物來回
答，卻又否認這事實。

但趙州的高妙，正在於他的"答非所問"，也在於他的否認"將
境示人" ——答非所問，便是"非似一物"，"否認事實"，那麼，
趙州所展示給人的"境物"，便不是"境物"，依然"非似一物"。

相似的公案還有"指"和"月"的幾個例子。

有個叫無盡藏的尼姑常常誦讀《涅槃經》，六祖略略聽後，便給
她解說經的含義。尼姑拿着經卷上不懂的字詞問六祖，六祖說："字
我不認識，要問含義則儘管問。"尼姑說："您不認得字，怎麼會明
白它的意思？"六祖說："大道像天上的月亮，經文像指月亮所在的
手指；但看得見月亮的人，怎麼還需要指頭呢？"

---

*境物：**"境"或"物"，指實物實境，原話看似說謊，其實這種自我矛盾便是禪之機鋒的一
種。**

又有一個和尚，問清涼文益禪師：「指頭我不問你，我只問你什麼是月亮？」文益反問：「哪個是你所不問的指頭？」另一個和尚又問：「月亮我不問，我只問指頭。」文益回答：「月亮。」和尚說：「我問的是‘指頭’，您為什麼回答‘月亮’？」文益說：「因為你問的是‘指頭’。」

上面兩個公案，慧能是「二等峰頭，略可話會」——對不明白的初入門者，還是用她能領會的常識來指引；而清涼文益禪師，則用「驢唇對馬嘴」來打回提問者的機鋒，這種違背邏輯的答話，便是：「言語道斷，心行路絕」，通過違反邏輯，來超越邏輯，來悟禪人，從「常識」的迷誤中解脫出來。

那麼，深一層的問題便出來了：「知識」和「邏輯」有什麼錯誤？

在常人眼裏，「知識」和「邏輯」才是正確的；而禪宗是更深一層、更高一層的智慧，它認為，知識與邏輯，是偏頗的、片面的，世界上的一切事物，「分別」僅僅為了認識的方便，但分別卻僅僅是「接近」，「接近」便不是那個事物的本體——事物的本體是本體本身，不能用任何別的東西來比喻。譬如，我們說：「十七十八的姑娘一朵花」，但姑娘並不是花，所以說「姑娘是花」是錯的，姑娘便是姑娘。因此，禪師們在用語言表達這種意思時，便只有用反語、用自相矛盾的回答，使悟禪人從「二元化」的「分別境」裏走出來，從而進入「一元化」的事物本體裏去。

因此，「超知識」、「超邏輯」，便是比僅僅是接近事物本體的知識和邏輯更徹底的對「大道」或「般若智慧」直接切入。

和清涼文益相似，又比清涼文益更進一步的，是禪史上人們津津樂道的"雲門一字關"——雲門禪師在回答弟子們的提問時，總是用一個毫不相干的字來回答。

有個和尚問："什麼是禪？"雲門回答："是。"問："什麼是道？"雲門說："得。"問："父母不同意出家，怎樣才能出家？"雲門回答："淺。"問的人說："我不懂。"雲門回答："深。"

雲門的"一字關"是解釋不得的。若勉為解釋，那麼，"什麼是禪？"他的回答是："是禪的那個東西便是禪。""什麼是道？"答："得道的便是道。"

雲門把問話人的"皮球"踢回去，實際上是不回答的回答，用"一字關"來打開通往"一元化"的大道之門。

更多的公案，則乾脆完全廢除文字，而使用行為或動作，有點像"打啞謎"。

傳說釋迦牟尼心愛的弟子阿難是個美男子，常常因為被美麗的女子愛上而煩惱不堪。有一天，釋迦牟尼拿一個手帕，在上面打了很多結，阿難看了不明白；釋迦牟尼又將那些結一個一個解開來。阿難因此開悟了：我之所以心煩意亂，是因為心上打了結啊！

唐代末年的法瑞禪師，深得釋尊"拈花微笑"的心旨，當一個和尚問他："萬物都有佛性，蚯蚓自然也有佛性；那麼如果把蚯蚓砍成兩段，那兩段蚯蚓都不死，都在動，請問，這蚯蚓的佛性，是在這一頭呢？還是在那一頭？"

禪師無言地攤開了雙手。

這無言，便是回答：佛性兩頭俱在。

……見閃電如聞雷聲，這才是'無分別'境。禪宗有'一默如雷'的名言，既然'沉默'，又怎麼'如雷'呢？簡直不通。但'沉默'的確是有聲的，只是人的耳朵所接收的頻率有限罷了。譬如在無聲之中，只要有個收音機，便可以收到風聲雨聲雷聲，這'雷聲'……

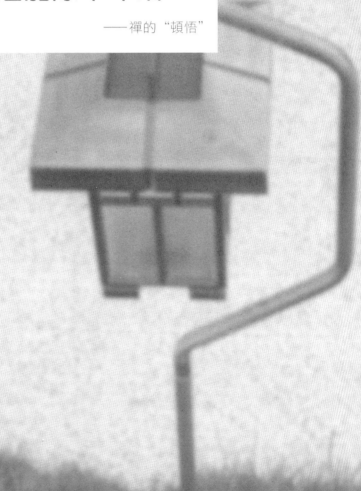

第七章 一燈能除千年暗

—— 禪的 "頓悟"

1. 什麼是“頓悟”

頓悟，是禪宗修習過程中最輝煌而美妙的體驗與境界的飛躍或突破，也是禪宗最令人感到深奧莫測、玄秘不可言傳的、奇妙而極其重要的環節。

頓悟，既然是由“二等峰頭”向“妙高峰頂”一種飛躍跨越的神秘體驗，那麼它便屬於難以言傳的一種精神體驗或智慧昇華狀態。

六祖慧能之所以名垂百世、聲揚四海，其學說之所以既能征服古代的士大夫，也能征服那時的庶民百姓，既能迷倒當今的中國文化人，也能迷倒當今的鬈髮碧眼的洋人學者，最重要的一點，正在於他對“頓悟說”的創造性的發揮和對它畢生不渝的實踐與推廣。

——什麼叫“悟”？“悟”是“豁然開朗”。

——什麼叫“頓”？“頓”是“在片刻之間”。

“頓悟”，便是“在片刻之間忽而進入一種豁然開朗的大光明大智慧境界”。這是我的看法。

“頓悟”，是相對於“漸修”而言的。

慧能的大師兄神秀上座是主“漸修說”的。他認為一個人要超凡入聖，要靠日常每時每刻的“勤拂拭”，近似孔儒們的“吾日三省吾身”，通過“省”，一點點積累，達到成為一種有別於“肉眼凡胎”的“方內俗人”的智者。

慧能是力主“頓悟說”的。他認為“佛性人人自足”，它不是知識，不像學生念書，不需“十年寒窗”式的啃書本，不需要“僧敲月下門”般“得來一個字，捻斷數根鬚”，而只要在某一刻通過一種特殊的方法，體驗並認識到自身與生俱來的那層“佛性”，便可以如“雲開見天”一樣，進入一個光燦燦的全新境界。

2. 歷代禪師頓悟啟示

什麼是“雲開見天”？“百丈撥火”的公案便是一個形象的注腳：

潙山靈祐禪師是百丈懷海的學生，他在百丈門下修行的時間已經不短了，接近開悟了，就像孵化了二十天之後在蛋殼裏用嘴啄着蛋殼的雞雛一樣，但蛋殼還很堅硬，潙山這隻將出殼的雞雛還不能靠自己的力量破殼而出。

這是一個寒冷的冬夜，百丈坐在禪床上，旁邊放着一盆火。夜深了，火盆滅了，看不見火苗。百丈告訴潙山：“你看看爐裏還有沒有火？”

潙山用火鉗子翻一陣，說：“全滅了，沒有火種了。”

百丈從禪床上走下來，仔細地撥了一遍，夾起一塊有一小角還微微發紅發亮的火炭，問：“這不是火嗎？”然後，用嘴吹去炭外面的

◀◀ 潙仰宗創始人潙山靈祐。

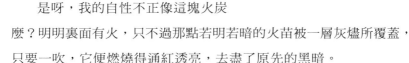

▶▶ 雲門宗創始人雲門文偃。

一層灰，再一吹，那塊木炭便熱烈地
燃燒起來。

　　溈山靈祐當下大悟！

　　是呀，我的自性不正像這塊火炭
麼？明明裏面有火，只不過那點若明若暗的火苗被一層灰燼所覆蓋，
只要一吹，它便燃燒得通紅透亮，去盡了原先的黑暗。

　　我們普通人也是一樣：按照禪宗的觀點，人人身上都有佛性的火
苗，只不過被一種叫做"業識"的東西蒙蔽住罷了，只要除去這種
"肉眼凡胎"、"方內人"的平常謬見，佛性便大放光明，你此刻也
便成了佛——即"覺悟了的人"。

　　溈山的禪機已經成熟，百丈只不過是他佛性的"催生婆"而已。
這便是六祖慧能"迷時師渡"或後來禪師"母雞啄蛋"的含義所在。

　　但這種"催生"，一千個禪師有一千種方法，有的很平易，有的
很奇怪甚至有幾分"殘酷"。

　　唐代的文偃禪師向睦州道明禪師求道。道明一見他來，便關了方
丈的門不理睬他。文偃敲門，道明問："誰？"文偃說："弟子文
偃。"道明問："什麼事？"文偃說："我對我的'本來面目'這個
公案一直參不透，請老師指點。"睦州一打開門馬上又關閉。

　　就這樣，文偃連續敲了三天的門。到第三天，道明才把門打開一

條縫，文偃馬上往門縫裏擠。道明便抓住他問："快說！快說！"文偃還在思考如何回答的那一刻，道明就用力把他推出門外，關上了門，文偃的一隻腳還沒來得及抽出來，被夾斷了，文偃卻從此頓悟了禪機。

"文偃損足"的公案，在禪史上常被後人所引用。

為什麼三天敲門，兩天被拒絕，第三天，開了門，又被推出門外，還夾斷了一隻腳，卻因此頓悟呢？

對這個故事的解釋有許多種。不過我猜想，文偃苦思"自身本來面目"而不得其解，便是不明"拖着死屍（肉身）的那個人（'佛性'）"是誰，用今天的話來說，便是玄想不透這個"我"，到底是我的"肉身"呢，還是"我"的"靈魂"，還是"肉身"與"靈魂"合一的整體？如果肉身和靈魂是合一不二的，那麼，這個靈魂是跟肉身一樣大小呢，還是比肉身大一點或是小一點？如果靈魂（"佛性"）是一個統一的整體，在眼睛表現為視——看得見物體，在耳朵表現為聞——聽得見聲音，在口舌表現為言——能夠說話，在軀體表現為觸——能感知觸覺，在內心表現為意——能夠知見思考的話，那麼，應當是能支配肉身（"拖着死屍"）而又可以脫離肉身的（做夢或坐禪時"靈魂"可以脫離肉身而"神遊"），但是，當他的一隻腳被夾斷的那一刻，他突然頓悟了——腳斷了，斷掉的那一截腳，從此再沒有"觸"知事物的功能——那就是說，"靈魂"和肉身是統一而不可分割的，腳斷了，作為本來完整"靈魂"的一部分的他的腳上的那一部分"靈魂"，便同他的肉身失去的那一部分一同失去，因此，"靈"和"肉"是整一而不是兩分的，即是說："我"的本來面目，便是"靈"和"肉"

合一的一元化狀態，即佛教稱為"不二法門"的"中觀"（"不在裏，不在外，不在中間"），於是，"勘破生前本來面目"的生死大問題便在失去一隻腳的一瞬間洞若觀火了。

是不是這樣，僅僅是我的個人理解。

與這個公案有異曲同工之妙的，是"馬祖提鼻"的公案。說的是有一天，馬祖道一和弟子百丈懷海一起出去散步，有一群野鴨子從他們頭頂上叫着飛過去，馬祖便問："那是什麼？"百丈回答："野鴨子。"馬祖問："去哪裏啦？"百丈回答："飛走了！"馬祖忽然重重地在百丈的鼻子上捏了一把，疼得百丈哇哇叫，馬祖問："為什麼飛走啦？不是還在這裏嗎？"百丈因為師傅這一捏一反問，便頓悟了禪機。

這個公案也很晦澀，若按常識來看，百丈的回答沒有錯，馬祖卻捏他的鼻子並加以反駁。馬祖提鼻的含義是什麼？他反問的含義又是什麼？

回答是，百丈此前沒有悟透"我即大千，大千即我"的要旨。野

▲ （左圖）禪師百丈懷海。 （右圖）禪師曹山本寂。

鴨子是飛走了，但這個回答問題的 "我" 之 "心" ，是不能 "飛走" 的，所以，馬祖提鼻的一刻，他猛然明白，"雲飛天不飛" ，物可動而心不可動，這才是禪者的應有心態。

禪師們這樣以 "情境" 接引弟子，是將弟子們 "逼到絕路而後生" 的辦法。

有一個故事，說的是一個小偷，帶了兒子半夜去偷東西，將兒子關在衣櫃裏，卻故意碰翻花瓶，自己逃走了。兒子脫身不得，急中生智，學老鼠叫，這才逃過了主人的搜索。

禪師們對弟子的 "逼到絕路而後生" ，其方法，與這小偷訓練兒子開竅的方法有點相近。

有個和尚對曹山本寂禪師說： "弟子通身是病，請師父給我治。" 本寂說： "不治。" 和尚問： "為什麼不治？" 本寂回答："叫你求生不得，求死不得。" 這和尚說的 "通身是病" ，是說 "滿心疑問不能解脫" 的意思。本寂不回答，要他 "求生不得，求死不得" ，在這樣的 "絕境" 中，自己去悟。

禪的教育法絕不是替徒弟解答問題，否則會害了他們——這個答案是師父的，不是弟子的。有時徒弟有問題，再給他加上另一個問題，逼得他無路可走，等他自己撞出來以後，才是真正領悟了。禪宗要人們自肯自悟，若是師父越俎代庖，反而害了弟子。

3. 頓悟還須漸修

唐代中期的靈祐禪師門下有個和尚叫智閒，根器很好，靈祐想好好培養他，智閒卻過不了"生前本來面目"的考題這一關，他查遍以前的禪林公案，還是想不通，說了一句"畫餅到底不能充饑"，把經書全燒了，哭着告別溈山說："弟子今生不求作佛，只當個長期行腳的飯僧算了。"後來在河南鄧縣住下。有一天，他在山上割草，揀起一塊碎瓦片，順手扔出去，正好打在一棵竹子上，他聽到砰然有一聲，無意失笑。笑了一半，忽然洞然開悟，立刻回草庵沐浴焚香，對着溈山的方向禮拜，說："師父大慈大悲，恩情勝過生身父母——假如當時你替我解答了，哪裏還會有我今天的頓悟呢！"

"頓悟"是需要自己"覺透"而不能言說的。

問題是：智閒何以"眾裏尋他千百度"而不可得，卻在"瓦片擊竹，俄忽失笑"之間，"驀然回首"發現了長久尋覓的"那人"而疑困頓解呢？

——擊竹本無心，無心即禪；啞然失笑，失笑之間，頓見"生前本來面目"，那"面目"，便是慧能在南嶺遇劫時問慧明的"不思善、不思惡"的狀態。

當然，禪師們也有時用語言作為接引的公案，但那種語言的使用，也不是平常的邏輯語言。

石頭希遷禪師有一天問弟子們："我有兩句詩，'綿綿陰雨兩人行，奈何天不淋一人'，你們說說看，是什麼道理？"一個徒弟說："因為有一個沒蓑衣。"第二個弟子說："因為是局部雨。"第三個弟子說："因為有一個走在屋簷下。"希遷說："你們都錯了。我說'不淋一人'，是說兩個人都沒被淋着，你們總想着'不淋其中一人'（另一人必被淋），這是因為你們的偏執啊。"

◀◀ 黃龍派創始人黃龍慧南。

　　與這個公案異曲同工的，是"三師論月"公案。

　　一天，馬祖帶着西堂、百丈、南泉三個弟子賞月，馬祖問："這個時候該做什麼？"西堂說："正好供養佛。"百丈說："正好修習禪。"南泉卻拂袖便走。馬祖說："經書歸藏，禪彙大海，只有南泉，超然物外。"

　　南泉先於二人而悟，在於超然物外而不執著——不執於"經"，也不執於"禪"。

　　另外一則公案，歷史上曾引起禪道兩家的紛爭——說的是被後人供為"八仙"之一的呂洞賓。有一次，他御着寶劍飛行，經過江西廬山。此時臨濟宗的大德黃龍慧南禪師正在黃龍寺對眾講經，呂洞賓就藏身於聽眾中。黃龍慧南禪師說座中有人竊法，兩人就爭論起道來。呂洞賓反問黃龍慧南："一粒粟中藏世界，半升鐺內煮山川，請你解釋！"黃龍慧南指着呂洞賓罵道："你這個只會守着自己屍體的活鬼！"呂洞賓說："怎奈我有長生不老的藥。"黃龍說："經歷八萬劫，有長生不老藥也終究要落空！"據說呂洞賓聽了大怒，拔出劍來要刺黃龍慧南禪師而不能，大驚，禮拜求教。黃龍說："半升的鍋裏煮高山大川這一句我不問你，我只問你什麼是一顆小米裏面藏着宇宙世界？"呂洞賓聽了馬上開竅，即席吟了四句禪偈——

棄卻瓢囊摵碎琴，

如今不戀汞中銀。

自從一見黃龍後，

始覺從前錯用心。

呂洞賓在黃龍慧南反問"什麼是一顆粟中藏世界"時，悟明了"萬法歸一，一容萬法"的禪機，不再修"屍"而修"心"。這便是"一句之下便覺"的頓悟。

上述三則"文字禪"，機鋒看似全在對話之中，其實卻在對話之外。禪宗有所謂"路逢俠客須呈劍，不是詩人莫獻詩"之說，即是說：文字禪，只能對"小雞即將出殼"的將悟未悟的人起作用，否則，是"煮沙作飯"，白費工夫的。

洞山良價禪師開悟前，先跟隨南泉禪師，無所悟，又去跟隨溈山，又不悟，便去跟隨雲岩。他問雲岩禪師："'無情說法'，出自什麼典故？"雲岩說："《彌陀經》裏不是說：'水鳥樹林，悉皆念佛念法'*嗎？"洞山良價聽後頓悟——是呀，只用眼看、耳聞、鼻子嗅，那還是"分別境"；只有內外如一，形心相融，目能"聞"，耳能"看"，才是"不二法門"，真正禪境。於是，他寫了一段禪偈，表述自己的體會：

也大奇，也大奇，
"無情說法" 不思議，
若將耳聽終難會，
眼處聞聲方得知。

能聽見山、水和樹木"念法"的人，才是"六根合一"的"真人"，這便是洞山良價由雲岩老師引用一句"水鳥樹林悉皆念佛念法"的經文而悟出"若將耳聽終難會，眼處聞聲方得知"的因由所在。

見閃電如聞雷聲，這才是"無分別"境。禪宗有"一默如雷"的名言，既然"沉默"，又怎麼"如雷"呢？簡直不通。但"沉默"的

---

* **"無情說法"句與"水鳥"句**，意為天地萬物（無情之物）皆有佛性，一切物之發聲者皆是念佛說法，當作如是觀。

確是有聲的，只是人的耳朵所接收的頻率有限罷了。譬如在無聲之中，只要有個收音機，便可以收到風聲雨聲雷聲，這"雷聲"，並非憑空而來，而是存在於貌似"靜默"的世界裏，倘若一個人學禪而得道，就好像有了收音機或電視機的功能一樣，那顆博大的心裏，可以"收"到常人"收"不到的聲音與物象。這樣的"接收"，便已經不是"眼耳鼻舌身意"六根的分別功能了。

有兩個因"無情說法"而開悟的故事：

有個和尚讀《法華經》，對"諸法從本來，常自寂滅相"（一切法則原本就有，時時顯示不變的佛性）無論如何想不通，行住坐臥，反復思考，都一無所得。到了春天，聽到黃鶯叫，便頓然開悟，寫了四句禪偈：

諸法從本來，常自寂滅相。
春至百花開，黃鶯啼柳上。

黃鶯是"無情說法"，如同佛性的與生俱來，有時顯示一樣，黃鶯並非春天才憑空而來的呀。

另一則公案是靈雲志勤禪師因為看見桃花開而悟道的故事。他寫的禪偈是：

三十年來尋劍客，
幾回落葉又抽枝。
自從一見桃花後，
直至如今更不疑。

多麼艱辛的頓悟之道啊！——為了悟道，三十年尋師又自修，沒有結果，卻在看見桃花開的一剎那，幡然大悟了。這頓悟，看起來又是多麼簡單而離奇啊！這便是"無情說法"和"諸法本具"*的精深道理——通過一件最可能是熟視無睹的事物而豁然開朗一樣，"踏破鐵鞋無覓處，得來全不費工夫"。地球是圓的，人在地球上，為什麼不會"掉"下去？一個蘋果從樹上掉下來，幾千年的文明人誰也沒有想到其中深藏的道理，卻被那個探究地球奧秘的人弄明白了——地球有引力。所以說，學禪的"頓悟"，看來"得來全不費工夫"，許多公案，開悟都貌似偶然，其實不然。倘若沒有"踏破鐵鞋"的窮追死究的修煉、追問、"提起疑情"，又哪來的"頓然有得"呢？

　　當然，"頓悟"並非真的就"成佛"，並非從此"萬事大吉"。原因是：第一，"頓悟"，有"大悟"有"小悟"。"小悟"雖悟，不破生死關，雖明一理，仍可能再迷，故不是根本的"悟"，而只有破得生死關隘，看破生死之後，於"高妙峰上"，"一覽眾山小"，其他的疑問，才會迎刃而解；第二，"頓悟"之後，也還要不斷修煉，才不至於再度迷失。

　　所以，百丈懷海有過一個"牛不犯稼"的公案：

　　長慶大安禪師問百丈懷海："弟子想認識佛性，怎樣才行呢？"百丈說："騎着牛找不見牛——佛性就在你自己身上啊！"長慶又問："認識了這個佛性以後又怎麼樣呢？"百丈說："把牛騎回家，

---

*　**"諸法本具"**：種種"法"與生俱來，一應齊全，只是被"知識"所蒙蔽而已。

不再找了。"長慶又問："怎麼才能保住這個佛性呢？"百丈回答："像牧牛的人一樣，拿着根棍子看着它，不讓它去吃人家的莊稼。"

這就是說：頓悟之後，不是從此就高枕無憂，無事可做，而是"牛"（原本的佛性）還可能出走，所以要時時小心看住它。

就這樣，"頓悟"和"漸修"二者統一起來了——

起初，是辛辛苦苦到處"找牛"，直到某一刻，聽見牛叫，或者被牛尾巴甩了一下，才知道原來牛一直跟自己形影不離，所有疑問全消失了。但這"找到"的"牛"，還有可能迷失，所以，"頓悟"之後，還要小心保住。

這樣說來，慧能的"無一物"是對的，說到了禪的根本上，而神秀的"勤拂拭"也沒有全錯，"根"和"本"之外，還有枝葉，也不容忽視。

中國歷史發展到唐代，儒學走向內外、哲學化是真的，禪宗興起並對士大夫產生很大影響，也是真的。這時候三教合流的趨勢是存在的，至於誰影響誰，就很難說了。不過這個問題如果以一種開放的心態來看，並不十分重要……

第八章 吾心即宇宙

——禪與儒學

1. 禪與唐代儒學

在先秦，孔子面對"周文疲弊"、"禮崩樂壞"的社會局面，希望通過復興周禮來重建社會秩序，但他致力的方向在於建立"仁學"體系，試圖將道德轉化為人的內在自覺，來達到周"禮"的復興。周禮是古已有之的，孔子只是整理而已，當然也有可能託古改制。至於"仁"學，就是他獨創的，所以，他說述而不作是一種謙虛的說法。其後的亞聖孟子，延伸了"仁"的這條路。孟子通過"盡心、知性、知天"和"性本善"等命題的展開，不僅論述了仁與心、仁與性的聯繫，而且以"天"作為外在超越性的根據。

兩漢時期的儒學側重於"禮"學。漢儒越過孔、孟而直接歸宗"六經"（實為五經），此一格局雖在魏晉受到嵇康、阮籍等人的批判，但到唐代前、中期，經學以及重"禮"的傾向一直是佔主導地位的儒學思潮。不過自漢至唐，佛教已在中國傳播，其中天台宗、華嚴宗一面受《大乘起信論》的影響，一面融合了儒家的心性論，已將佛性與心性聯繫起來、統一起來。

唐朝時禪宗南宗出現，"即心即佛"的佛性（人性）論和"明心見性"的修持方法，把心、性、佛視為同一，並建構為本體論，奠定了禪宗佛學的形而上學基礎。在儒學方面，在中唐及其後，由於韓愈、李翱、皮日休等人的努力，《孟子》重又得到重視，地位開始上升。《中庸》、《大學》從《禮記》中開始獨立出來，其地位亦得以提升，其中的心性之論、性情之論、修身之論重又得以倡揚，這一趨勢表現出中唐諸儒超越漢唐以來的經學，重向先秦儒學"內聖"回歸的動向，這為此後宋明理學重建道德形而上學開了先河。

　　韓愈的志向很大，"文起八代之衰"。作《原道》，本於《大學》，講的是正心誠意；作《原性》，想把孟子的性善性論發揚光大。不過他的理論實在沒有多少洞見，文章倒是氣勢很好，因為他志氣大，不覺佔據了道德的制高點，所以他更多的是一位文學家而非哲學家。他一方面覺得迎佛骨勞民傷財，另一方面對部分宗門中人作風深感不滿，故作《諫佛骨表》，尊孔排佛，提出"人其人，火其書，廬其居"的"三光"政策，結果被貶到尚為蠻荒之地的潮州為官，後來又與大顛和尚來往密切，被人譏為向禪師"飛眼色"，似乎有點左右不是人。他學問沒有多大建樹，但出發點是好的，方向也對頭，就是上面說過的把儒學內在外，形而上學化，使它更像一門哲學，所以也算是開風氣一類的人物。他後來也承認佛法高於儒學，但並沒有說明他的"道"和"性"得到當時流行的禪學多少啟發。

　　中唐還有另一個儒學的重要人物，叫李翱，時任鼎州刺史，據說曾往請教過藥山禪師，《五燈會元》卷五為他立了專條，將其視為藥山惟儼的法嗣。他寫有《復性書》三篇，對性與情的說法，有點異於傳統的孔孟儒學，卻近於禪學。比如，《中庸》稱喜怒哀樂關鍵是中和，而他卻說要去除污染（類似業識），否則不能明本性，這就有點"明心見性"的味道了。反正，一方面向禪師求教過，另一方面著作中又有禪味，這兩條證據，就可以說他的儒學受到了禪學的影響。

　　中國歷史發展到唐代，儒學走向內外、哲學化是真的，禪宗興起並對士大夫產生很大影響，也是真的。這時候三教合流的趨勢是存在的，至於誰影響誰，就很難說了。不過這個問題如果以一種開放的心態來看，並不十分重要。

2. 禪與宋代理學

《愛蓮說》的作者周敦頤說蓮花"出淤泥而不染"，其實還是脫離不了"性善論"，而蓮花在佛學中是一個經常出現的意象。他作《太極圖說》以究天人之際，實際上也源於孟子的"知天"。如果不是妄加比附的話，他從《易經》入手，其方向倒是像現代的宇宙論。不過沒有天文望遠鏡終於是不行，重視道不重視器，重視體不重視用，許多東西只能開了頭就半途而廢了。

邵康節是易學家，最著名的東西還是"梅花易數"。另一位著名思想家張載作《正蒙》，講氣，講理，講性，還講天人合一。他的學問來源較雜，佛、道、兵家都有，雖然最後以儒家為宗，但終究與其他學派脫離不了關係。

周敦頤的學生有程顥和程頤兄弟兩人，他們促成了理學的成熟。他們認為"萬物皆只是一個天理"，人的修身方法就是"窮理"（見《河南程氏遺書》卷十）。如果把理看作"性"，這就有點"明心見性"、"即心即佛"的味道了。如果說理存在於天地、萬物、人心中，這就和禪宗所說的 "青青翠竹，盡是法身；鬱鬱黃花，無非般若" 沒有兩樣。其實二程"出入老釋者幾十年"，"少時多與禪客語"，這種溝通是存在的。與禪宗一樣，理學史上也有一個"程門立雪"典故，說是楊時和游酢去謁見程頤，程剛好在正襟瞑坐，楊游兩位不敢打擾，只好門外站着，待到程覺到，門外雪已一尺厚了。瞑打和禪定，走的是同一個路子。

二程用"理"把孟子的"天"與"性"串聯起來，其實得益於周、邵兩位的易學，因為理學試圖要建立一種大一統的理論(即把萬事萬物統一起來)，而以現代科學的觀點看，只有宇宙學才具有這種可能性(上面談到《太極圖說》的宇宙論性質)。它可以從大爆炸那個時刻起，把宇宙變遷、物質生成、生物進化、人類社會的演變，即把自然科學和人文科學都包進去，可以是歷時性的，也可是共時性的。只是理學為什麼沒能像西方學術那樣造成影響，在這裏一時難以說清楚。不過，國人現在能接受西方科學，也是因為"人人都有佛性"，與西方人的天賦(理性)是一樣的。

二程的學問到朱熹那裏被發揚光大了。他也講人人有此理，物物有此理；不只人有性，物也有性。不過他又引進了"氣"的概念，人是理與氣的結合，而氣又有清濁，人便有善惡賢愚(慧能云："人有利鈍")。從這一點看，他的觀點就不是一元化的性善論了。他的修養方法是存天理而滅人慾，窮理致知。他雖然與張載一樣是闢佛的，但其方法還是與禪學有些類似。比如，他說："人性本明，如寶珠沉渾水中，明不可見，去了渾水，則寶珠依舊自明。若得知是人慾蔽了，便是明處。"這與禪宗的"見性成佛"是沒有兩樣的。

3. 禪與宋明心學

在朱熹那裏，理與心是割裂的，理下降到心那裏，就有可能被異化了。對於這個問題，稍晚的陸九淵就來了個"撥亂反正"，提出

"宇宙便是吾心，吾心便是宇宙"的命題。兩位儒學大師在鵝湖之會上爭論了一回，從此道學（新儒學）分為兩派：理學和心學。前者道問學，後者尊德性。陸九淵說："學苟知本，六經皆我注腳。"這就有點狂禪的味道了，與呵佛罵祖，稱佛經皆魔鬼說的，也相去不遠了。

明朝時，發揚陸九淵的心學的，便是王守仁，人稱陽明先生，是個文武全才的人物。他繼承陸九淵的學說，認為心即是理，與天地萬物同一。人的心是本然之善，區別不過是否被私慾蒙蔽，修身的目的是"致良知"，最後達到"知行合一"。他著有《傳習錄》一書來表達他的思想。對於禪學，他倒是比較坦率，承認"因求諸老釋，欣然有會於心，以為聖人之學在此矣。"又說："無所住而生其心，佛氏曾有是言，未為非也。"陽明先生有此胸懷，是因為當時王學風氣熾盛，而禪學日趨衰亡，禪門中人也開始援儒入佛。

陽明之後，發揚心學的，還有王龍溪、王心齋等人。王龍溪提出"不思善，不思惡"，要"以無念為宗"，這些就是徹頭徹尾的禪學了。儒學向禪學習的結果，是它篡奪了禪學的地位。這一點對於現代中國人啟示很大——如何吸取世界性的文明成果，為我所用。

隨着改朝換代，宋明儒學的心性論受到顧炎武、黃宗羲等大儒的激烈批判，寄身於心學中的禪學也難逃同樣的命運。清代盛行的是考據之學，為近代的西學東漸開了先河。這是後話。

道教對引進佛教有功。佛教，主要是禪宗，後來也對道教進行'反哺'，正如西方國家的現代化過程中，早期通過'圈地運動'剝削農民來發展工業，實現工業化以後，又對農業進行補貼。道家的神譜不少地方就是模仿佛教的，如把老子說成是一氣三清……

第九章 可道非常道

——禪與道家

1. 援道入佛

一般談道教，都以黃老為祖宗。此處只談哲理方面，不涉及丹藥、房中術種種，所以就叫道家，以示區別。關於道家，實實在在是中國本土的一種宗教、學術。就學術而言，在周朝以前，儒道不分，儒術就在道術之中。《莊子》中記載了孔子向老子問禮並被老子訓了一頓的事。中國的上古歷史，至今仍是一筆糊塗賬，欲知上古之事，中華文明在源頭上與世界其他文明的關係，實難也，不好妄加猜測。

佛教於東漢明帝時代傳入中土，一開始也是傳授因果報應、六道輪迴等思想，出家人被稱為道士，看來，人們並沒把它與道家區別開來。秦漢之際，道家的方術十分流行，也有人指出，當時方士的法術，與印度的婆羅門教、瑜伽術已有些交流。若按照西方人巫術——宗教——科學三個歷史階段的劃分法，則秦漢時代正處於中國的巫術解體，轉入宗教的歷史時段。當然，這只是一家之言。

其實，有一個問題一直少人提起，那就是：佛教傳入中國，如何可能？提這個問題，實際也是受禪宗啟發，叫做"提起疑情"。除了漢末、三國之際，中國社會動盪，禮樂崩壞，漢初獨尊儒術，推崇經學的局面已經使知識分子失去信心，只好另外尋找安身立命的精神家園（正如"五四"時期一樣）；還有一個更為重要的層面，就像給一台電腦安裝一個新的應用程序，必須確保它同原系統兼容，否則肯定裝不進去。用器官移植的道理來說明也是一樣的。回答這個問題，大約也要應用禪宗的另一條原理，就是"人人都有佛性"。印度人有佛性，中國人也有佛性，所以，印度人可信佛教，中國人也可以信佛教。但這有點類似所謂"人擇原理"＊，正是佛教，尤其是禪宗傳入中國，我們才知道"自性本來具足"（馬祖道一語），但是，佛教能夠在中國流傳，能夠讓我們認識到自身本具佛性，這個過程本身就證明了這個結論。

理論上說通了，但還有個語言問題。雖然禪宗排斥語言，但有關公案、語錄還是汗牛充棟，這個原則和頓悟的原則一樣，在禪宗中基本沒法落實。中國人和印度人在佛性上是一致的，但在語言上終究存在障礙，就像是幾千年不來往的親戚，總是有點陌生，這就是"業識"（文化）。但沒辦法，大家不能總停留在佛性階段，社會總是要往前發展（反過來看就是墮落）。幸虧大家還保留認親的信物或標誌，如身上的胎記或一塊玉佩之類，這就是道家的精神。通過辨認，大家也似乎覺得真有那麼回事，這樣中國人就把佛教接納過來。在這個過程，少數民族（比如北方"五胡"、李唐王朝也有胡人血統）的功勞比漢族人大，也許少數民族的業識比漢族人少。

漢桓帝時牟子著有一本書，叫做《理惑論》，主張佛教與中國文化調和。實際上肯定要調和，不調和佛教就站不住腳，佛經一翻譯為漢語，就被過濾、改造為中國的東西了。在這個過程，道家起關鍵作用，比如，"瑜伽"在漢時被譯為"道"，直到東晉印度僧人佛陀跋陀羅才把它重新翻譯為"禪"（音譯）。安世高、支婁迦讖所翻譯的

＊人擇原理，是人擇宇宙學原理的簡稱。它是以人類為中心的宇宙觀，即謂正是人類的存在，才能解釋我們這個宇宙的種種特性，包括各個基本自然常數，否則不會有我們這樣的智慧生命談論它。

佛經，多用道家的名詞。其後，印度名僧鳩摩羅什來華，其弟子僧睿、僧肇等輩，都是中國的博學才子，負有溝通中印文化（說白了就是把佛教改造得能讓中國人接受）的重任。僧肇著《肇論》，以老莊的"三無"、"三忘"論來解釋佛學，提出"般若無知論"、"涅槃無名論"等學說。創立淨土宗的慧遠大師，出家前深通《周易》、《老子》、《莊子》三玄之學，並兼習道家方術，他如果不出家，差點就可以像張道陵一樣，創立道教的一個宗派。這裏簡單提到禪宗確立前道家對佛教的翻譯，下面着重分析禪宗創立時，道家提供怎樣的支援。

慧能說"佛性無南北"，這句話既對也不對。人類尚未分化的時候，其性是同一的。但越往後來，差異就越大。中國的南人北人，文化差別雖不似中國人與印度人，但還是有的。慧能往南走，神秀往北走，就是一個證明。南方文化，老莊、屈原是其代表，與北方的儒家是有區別的。漢家天子，論其出身，也是楚文化圈中人，立國之初的休養生息政策，就是道家的無為思想，但到漢武帝時，就獨尊儒術了，但實際上是雜用，根據政治需要而變化。到漢末、三國，北方因為動盪，儒家就逐漸沒了市場。南北朝時，北方有錢有文化的人都跑到南方，受到老莊的影響，談玄成為時尚，道家成為顯學。這也與佛教的傳入有關。在翻譯佛經方面，道家思想因為相近而有用，水漲船高，相反，儒家經義卻離得比較遠，顯得沒用。到了唐朝的時候，南方在經濟文化上已經逐漸壓倒北方，老子又因為與李世民同姓，道教沾光也成了國教。按陳寅恪先生《唐代政治史略稿》分析，武則天改革科舉制度，實是為了拉攏南方士族，與關中集團對抗。有唐一代，江南道中進士者計有191名，數倍於其他各道。禪宗南派的發跡，實與南方的地域文化有莫大的關係。有人說禪宗是"披着袈裟的六朝玄學"，可能說得太過，但也不無道理。

接下來還是搞一些個案分析，先說禪宗的先驅人物。第一個是鳩摩羅什的弟子道生大師，"頓悟成佛"的發明者。當時《涅槃經》只譯了一半，說眾生罪大惡極，不能成佛得救，而他根據自己對《周易》、《老子》、《莊子》的參悟，認為罪人也有佛性，只要悔過自新，也可成佛，並率先提出了"頓悟成佛"的說法。當時北方的人聽了差點都要向他扔石頭，說明這種思想在北方水土不服。無奈之下，道生逃到江南，在蘇州虎丘講經給石頭聽。南方人尊他為"生公"，並留下"生公講法，頑石點頭"的美麗傳說。可見南方人的心性自與禪宗相近。後來《涅槃經》全部譯出，證明道生的提法是對的。

第二個先驅是保志和尚，也是南朝人，在建康（今南京）道林寺出家，《高僧傳》、《五燈會元》均有記載。他是個濟公一類的人物，衣衫襤褸、瘋瘋癲癲，齊武帝時因為他"妖言惑眾"，把他收監，但第二天有人在街上看到他，到監獄中察看，他還在裏面，總之是很神秘。梁武帝上台，不單把他放了，還很器重他。梁武帝問他："心中有困惑未除，怎麼處理？"他說："十二。"問他到底是怎麼回事，他說："寫在計時的刻漏中。"這種對話方式已經表現出後期禪宗的機鋒話頭的作風。

第三個便是傅大士，因為在第六章介紹過，在此不再重複。

再說接班人。第一個是神光慧可。神光拜見達摩的時候，已經四十多歲了，儒、道兩家的書讀了個夠，但覺得不過癮，轉而讀佛經，可能還把握不準，必須找個天竺來的高僧印證一下，因此到少林寺找上達摩，立雪斷臂的故事就不再重複了。關鍵是接班的時候，慧可的禪宗有多少是達摩（印度禪宗）的，有多少是自己（中國儒道）的，這就只有他自己才知道了，反正也是"會心一笑"。這裏有兩個細節要注意，第一，達摩與梁武帝機緣不合，掉頭北上少林，說明他在南方水土不服；第二，從面壁九年、立雪斷臂，以及宗《楞伽經》這一套路看，達摩是傾向於北派的漸修的。

第二要談的接班人是慧能。弘忍把衣缽傳與慧能而不給神秀，到底是何原因，那首偈頌只是慧能一派後來的解釋。我們可以推測，弘忍是想要改革，將禪宗本土化的，所以他寧願選擇慧能這個文盲，因為他沒有受到儒家的那一套污染，而慧能也果真不辱使命。但弘忍自己為什麼不直接就講"頓悟成佛"呢？可能當時的壓力太大，弘忍覺得時機尚未成熟。到了晚年傳授衣缽的時候，他才鐵定決心，要走頓悟之路。關於這個問題，歷史是由慧能這一派撰寫的，是與非，也無法證明。像這種一脈單傳的傳嗣方式，解說權在徒弟這一方，不在師父這一方。後來慧能總結經驗教訓，實行分權制衡，把法嗣傳給不同弟子，終於把禪宗徹底中國化（玄學化），並使之在唐宋時在天下廣為流傳。

慧能原籍是北方，父親是謫遷官員，被流放到廣東新州，當時這個地方經濟文化都很落後。他三歲時父親去世，後來徙到南海，靠近省會，條件要好了許多。按照《壇經》的說法，慧能是沒上過學的。但慧能母親是否識字？沒提到。按照常理，慧能父親是個官員，多少也算個讀書人，家裏應該留下一些書。讀書做官的人，剛出道，充滿修、齊、治、平的濟世情懷，待到遇到挫折，心灰意冷，轉而學習老莊、釋氏，修心養性，這是規律。說不定他臨終之際，告誡妻子：今後孩子長大，不要去習舉子業，官場風浪太大，可以讀點黃老之書，懂點養生之道，最少也可圖個長壽。這自然是我的猜想。

　　而事實上，慧能得到衣缽之後，回到家鄉隱姓埋名十幾年，如果沒有光孝寺的住持印宗法師相助，南宗恐怕還是要銷聲匿跡，因為神秀在北方聲勢很大，被尊為國師。在這裏慧能重複了道生大師的遭遇，再次證明離開南方的土壤，禪宗頓教無法生根。接着是韶州刺史韋據請他講法，為他作宣傳，最後皇帝為他修了寺院，他不願北上。印宗、韋據為慧能提供了平台，否則，他就英雄沒有用武之地。檢讀《壇經》中的言論，不少地方與《逍遙遊》、《齊物論》有共通處。以後，南宗的傳播和擴大影響，實有賴於文學人士，尤其是那些受貶南遷的文人，有名的如王維、白居易、韋應物等人。上面談到科舉制度，南方進士人數的增加，也有助於南方文化，如老莊、禪宗傳播到北方。要知道古代沒有報刊電視，宣傳手段很大程度上要靠文學人士寫的詩文，通過酬唱或刊刻成書以助流行。

2. 禪道交融

　　道教對引進佛教有功。佛教，主要是禪宗，後來也對道教進行"反哺"，正如西方國家的現代化過程中，早期通過"圈地運動"剝削農民來發展工業，實現工業化以後，又對農業進行補貼。道家的神譜不少地方就是模仿佛教的，如把老子說成是一氣三清，就是受佛教中如來有三身的說法的影響，類似於基督教的三位一體。全真派的丘處機，模仿禪宗的叢林制度，對全真派實行體制化。在這裏，我們還是着重談一下思想人物。

　　早期的道教重在煉丹藥這一方面，張道陵、張魯祖孫，郭璞、葛洪、許旌陽走的都是這條路子，並不重視心性之學，甚至批評老子不得要領。南北朝到唐代，受到佛教，尤其是禪宗的衝擊和影響，道家逐漸向老莊回歸，也就是走哲學化、內在化的道路。道理很簡單，佛教吸取了本教經典的精髓，推陳出新創立禪宗，並廣播天下，這不能不引起道教自身的反思。不過這一種回歸在歷史上的是非功過，也很難說，因為道教是中國最有希望發展成科學的宗教。其例子就是火藥的發明。

　　晚唐時期的呂洞賓，前面第八章提到他與禪宗黃龍慧南有過學術上的切磋。不管這個故事是否真實，他受禪宗影響是沒有疑問的。他一方面仍繼承道家正統的煉丹之術，另一方面吸收南北朝至隋唐間禪宗修養的長處，創立了丹道修煉體系，後世的道家各種宗派，都是以它為基礎發展出來的。

　　唐宋以後，道家也分南北派，北派主要有全真派，代表人物王重陽、丘處機師徒。南派人物張紫陽、白玉蟾、李道純等。南北兩派都講究性命雙修，都奉《老子》為經典，並從中開發出自己的道教思想，區別不是很大。全真派對政治介入似乎多了一些，比如，丘處機參與了抗金並與元朝結盟。在上一節中我們提到了南方地域性文化的問題，所以探討南宗道家，可能更能體現出它與禪宗南派的共性。

　　道家南宗也有五祖之說，從張伯端、石泰、薛道光、陳楠至白玉蟾一共五代，實際創始人卻是白玉蟾，他的地位類似禪宗中的六祖慧能。張伯端的《悟真篇》中一句詩："要知金液還丹法，須向家園下種栽。"換成禪宗的話，就是"識取自家城廓"──神仙只有到自己心中去找，"見性成佛"。

白玉蟾的解《老子》著作是《道德寶章》，他說"即心即道，即道即心，心與道合"，這與禪宗的"即心即佛"是一模一樣的。他將人的心分為真心與塵心，真心是天道，塵心是人道，塵心相當於佛教所說的"業識"，所以欲得真心，只有拂去塵埃，明心見性了。他說"心即性，性即神，神即道"，三位一體，就如上面說過的一氣三清，一佛三身，聖父、聖子、聖靈。三個位格的地位不一樣，用心勞神，百念叢生，去除蒙蔽，方能見得真心（道）。

李道純是白玉蟾的弟子，後來加入全真派，所以是個貫通南北派的人物。他的解《老子》著作叫《道德會元》，書名都是向禪宗學習來的。他說修煉過程要"先持戒定慧而虛其心"，也就是使用禪宗修持的方法。他說："道之可以道者，非真常之道也。夫真常之道，始於無始，名於無名，擬議即乖，開口即錯。"這就是禪宗不著文字，教外別傳的意思了。他又說："校勘來校勘去，校勘到校勘不得處，忽然摸着鼻孔，通身汗下，方知道這個原是自家有的。"這段文字，不論是在哲理上，還是在語言風格上，都十分相似於禪宗的公案、語錄。他又學習禪宗寫作偈頌，如"可道非常道，無為卻有為。為君明說破，眾水總朝西。"幾乎可以與傅大士的那首"歪詩"相媲美。

以禪解《老子》，有宋一代還有蘇轍、邵若愚等人，限於篇幅，不再一一介紹。總之道家到了唐宋之際，與此時勃興的禪宗互相激蕩，走上一條心性超越的道路。

3. 神佛難分

　　明代的三教合流，在文學中最能得到體現。其實，文學在中國各門宗教、哲學中總是起到溝通、推廣的作用，正所謂"文史哲不分家"，關於文學與禪宗的關係，我們後面還要再介紹，在此只談禪宗與道教的合流，並以禪宗的佛教神祇與道家的神仙關係為例。

　　《西遊記》是儒釋道的"大雜燴"，我之所以要提到它，是因為它對中國民間的影響太大了。自從宗教式微，除了教徒和少數研究者，多數人對佛教、道教的瞭解就差不多從《西遊記》這類書中得來。這也導致了兩者在民間的混淆。

　　《西遊記》中玉皇大帝這一體系，雖然道教中也有列入，實是儒家的那一套倫理的寫照，這個可以不談，而其中佛道兩教的內容，異常豐富。整個故事是以唐玄奘西行取經為框架的，全書也只有這一點是真的。最主要的是孫悟空這個人物的原型，他從石頭裏出世，沒有文化，卻又特別聰明。拜師學藝的時候，師父在他頭上敲了三下、屁股踢了一腳，他就知道是三更的時候從後門進，師父有機密要傳授給他。這個情節跟《壇經》裏弘忍傳法給慧能是一模一樣的。到這裏為止，孫悟空的原型就是六祖慧能，但孫悟空學到的東西卻是道家的，這是否暗示慧能是用老莊思想去理解佛經，創立中國化了的禪宗？

　　接下去的情形就比較複雜了，似乎是對孫悟空（慧能）的否定。孫悟空當到"齊天大聖"，把整個天庭鬧得雞犬不寧、名震天下，達到事業的頂峰，但接下來就敗在二郎神和太上老君的手下，因此被擒，但玉皇大帝還是拿他沒辦法，只能請來佛祖。佛祖把孫悟空壓在五指山下五百年，從這一點上來看，孫悟空以前所學的道術，實在遠遠達不到如來的水平。如來收伏孫大聖的事件，不單對孫悟空，也是對整個東方道術的否定（孫悟空的傳法師父已不再出現，我們無法將他與如來比較）。這導致了孫悟空踏上漫長的西行取經路。

從取經路上劫難重重看，《西遊記》的作者吳承恩是偏向於漸修的，如來與觀音商量的結果是讓唐僧師徒經過九九八十一難，差一次還不行。照常理看，只須孫悟空一個跟斗便可到西天，把佛經通通搬回東土，十分省事，但這樣就是頓悟成佛，不是漸修。從頓悟成佛的角度看，甚至連佛經都可以不要，又何必到西天去取經？

以上對《西遊記》零碎的評價，難免還是印象主義的，但目的僅在於說明，到了明代，三教合流（說嚴重了就是合併）的結果是，除了儒家依附科舉，得以獨尊，釋道兩教社會地位卻不斷下降，並逐漸在社會上受到懷疑。在明代的話本小說，如"三言二拍"，以及其他野史筆記中，都有不少對釋道兩教的負面記載。究其原因，在儒家的理學、心學也搞心性超越之後，原來禪宗、道教的特質已被儒家吸納，文學人士從儒家學說中就可以得到原來釋道兩家擁有的東西。當然，還有政治、社會原因。

明代三教合流，首先出於朱元璋的提倡，因為他起家之前，就當過和尚。不過他的意思是儒家為正，釋道為副（暗助王綱）。自從王陽明發揚心學以後，受王學影響的文人，已經明言三教合一，如李贄便斷言"儒釋道之學一也，以其初皆期於聞道也"，這倒是符合禪宗所謂不起"分別心"。當時有一個叫林兆恩的人，在民間創立了"三一教"，得到很多人的響應。民間則把孔子、老子、佛祖祀於一堂（這種現象直到現在還可以看到），在這時期，傅大士就被供奉為神明了，因為傅大士頭戴道冠、身穿袈裟、腳着儒履，正象徵三教合一。

所以，我們在《西遊記》中看到的這種儒釋道混合，並不是空穴來風，出於作者的杜撰（這個詞就出於道家人物的典故）。實際上，到了明末，釋道兩教已經在不同程度上墮落腐化了，這難怪當時的人們頗有微詞。現今時代，釋道兩教人物，在武俠小說以及武打片中，都是作為"武林高手"出現的，至於佛法、道心，已經無人顧及。一味地搞調和、遷就世俗，結果雖然擴大了自身影響，卻喪失了宗教中最美好、最值得學習的東西。

概而言之，自漢時佛教傳入、道教創立，至唐宋時經過改革，創立禪宗南派、丹道教，兩教達到鼎盛，至明代以後，三教合流（歸併），兩教都走完了一條從興起到衰落的道路。實際上，合流之後三教的命運各不相同，儒家一直為政府和士大夫所重視，思想史上稱之為"大傳統"；道教中的巫術成分，卻為民間所崇拜，被稱為"小傳統"；禪宗被消化在"大傳統"中，在士大夫、文人中還算佔有一席之地；一般的佛教，被消化在"小傳統"中，佛像被當作神明膜拜，這是個不爭的事實。

……六朝人的山水散文，按今天的眼光來看，是充滿禪味的。陶淵明、王羲之、謝靈運、嵇康、阮籍（包括其他'竹林七賢'）的文章，到處可見這種避世隱逸、留連山水、人生無常、少私寡慾等思想。陶淵明的《桃花源記》、王羲之的《蘭亭序》都是千古流傳……

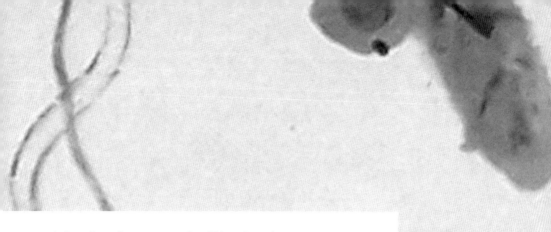

第十章 月出驚山鳥

——禪與中國藝術

1. 禪與中國詩歌

中國有一個成語，叫做"綱舉目張"——打魚撒網之時，將網上的大繩子拋起來，漁網的網眼自然全張開了；又有一句俗語，叫做"牽牛要牽牛鼻子"。日本禪學大師鈴木大拙說："禪是大海，是空氣，是高山，是雷鳴與閃電；是春花，是夏日，是冬雪。不，它在這一切之上。它就是人。"

"禪學"是最究竟的"人學"——它直面人的生存狀態：生老病死、苦樂憂喜，皆是常理，如花開花落、木榮木枯，當安詳對待；直面人與天地萬物的關係：萬物出入乎心、生滅乎心，心如鏡子，又比鏡子博大，可以包容天宇、包容大地，乃至包容我們今天仍不可知的"黑洞"及其他一切。

於是，當一個人掌握了禪的精神，變成一個心胸博大、開闊、寧靜、和諧的人之時，那麼，他所從事的任何藝術活動，也必然帶上這樣博大、開闊、寧靜、和諧的禪的色彩和韻味。

即是說，當一個人由習禪與對人生和天地有真正的感悟之後，當他抓住了人生的網綱或牛鼻子上的繩子之後，他的藝術，便已經是一種自然而然的"內分泌"，一種自然而然的"大技巧"。

行家們評論一個藝術家或一件藝術品品位很高時，我們會聽到這樣的評價："富有禪味啊！"

當一個偉大的藝術家的藝術爐火純青的時候，人們會說："他已經達到了'大技巧'的境界了。"

博大、開闊、悠遠、自然、恬淡、和諧、寧靜、雋永，這些，正是禪給予中國藝術的主要品格；它又不止於中國藝術，已經成為一種無孔不入、無處不在、如光明之於天空、如空氣之於大地那樣的氣質。

唐詩中，有些連三歲孩童都會吟誦的短詩，都富有禪意，如：

> 兩個黃鸝鳴翠柳，
> 一行白鷺上青天。
> 窗含西嶺千秋雪，
> 門泊東吳萬里船。

（杜甫《絕句》）

黃鸝和翠柳，白鷺和青天，這是共時性，是一種現象（景物）；門與窗也是靜態的，但千秋雪和萬里船就是歷時性的，千年前的積雪，萬里外抵達的船隻，所包含的事件就非常豐富了。但是這一切，都被置於同一張圖景中，實際上也是說萬事萬物存在我心中，這就是禪意。

> 春眠不覺曉，
> 處處聞啼鳥。
> 夜來風雨聲，
> 花落知多少。

（孟浩然《春曉》）

這首詩有點像傅大士的《橋流水不流》那首詩。此詩寫的是春曉，但作者又說"不覺曉"，"不覺曉"卻又聽到處處有"啼鳥"；

然後又用倒敘的手法，回過頭寫昨夜的事，睡得天亮了都不知道，還聽到風雨聲，黑漆漆的，他還知道花落了多少。這一切是不合邏輯的，但用禪意來理解，就可以。我們在第八章中談頓悟時，介紹了洞山良價的"無情說法"之公案。他說："若將耳聽終難會，眼處聞聲方得知。"就是眼能聽物，與修辭學中的通感是一樣的。萬法存乎一心，一切的詩情畫境，都是從心裏出來，不是一幅照片。

> 朝辭白帝彩雲間，
> 千里江陵一日還。
> 兩岸猿聲啼不住，
> 輕舟已過萬重山。

（李白《早發白帝城》）

　　早上還在四川的白帝城，順流而下，傍晚便到了湖北荊州；過了萬重山，耳畔猶有猿猴啼叫之聲在迴響。日行千里，也非不可能，但過了萬重山，聲音早就消失了，這可以用聲波的傳播速度來計算。但是，如果我們還記得那個"百丈野鴨子"的公案，就能夠理解了。馬祖和百丈同行，有一群野鴨飛過，馬祖問百丈這是什麼，回答是野鴨子；問什麼地方去了，回答飛走了。馬祖於是重重地捏了百丈的鼻子，以示答錯了。在禪宗看來，世界無分東西南北，也無有飛來飛去之別。照此理解，輕舟是否過了萬重山就沒有差別了。

> 清明時節雨紛紛，
> 路上行人欲斷魂。

借問酒家何處有，

牧童遙指杏花村。

（杜牧《清明》）

　　清明是季節，下雨是天氣，這個節氣是多雨之季，這是自然規律，沒有什麼稀奇之處。儒家講究祖宗崇拜，這一天要去祭拜祖宗，懷念逝世的親人，行人心中戚戚，也是人之常情。但在禪宗看來，一切如過眼煙雲，何必去執著。因此詩人就掉頭找個有酒喝的地方去了，杏花開時，正是個飲酒的好季節。

人閒桂花落，

夜靜春山空。

月出驚山鳥，

時鳴深澗中。

（王維《鳥鳴澗》）

　　此詩說來說去，離不開"靜"、"空"兩字，桂花落地，鳥鳴山澗，都是反襯作用，以動襯靜，以實襯虛。而關鍵還是"人閒"兩字，境由心生，人如果心境明淨，沒有雜念纏身，就能體驗到這種空靜，比如坐禪、入定。從這首詩就可以看出王維不枉有"詩佛"之稱。

　　除了這幾首家喻戶曉的詩作，我們還可以再舉幾首以禪意入詩的作品以供欣賞，詩的作者都是古代著名的詩人：

木末芙蓉花，

山中發紅萼。

澗戶寂無人，

紛紛開且落。

（王維《辛夷塢》）

　　這首詩出之《輞川集》，此集被人稱為“字字入禪”。作為詩中主角的蘭花，獨自生長在寂靜之地，它的開放無人欣賞，它的凋零無人歎息，它自身就是一個圓滿自在的世界。此詩天衣無縫而又具有哲理深意，幽靜之極而又生趣盎然，具有獨特的審美魅力。

獨憐幽草澗邊生，

上有黃鸝深樹鳴。

春潮帶雨晚來急，

野渡無人舟自橫。

（韋應物《滁州西澗》）

　　這首詩與上一首都有“無人”兩字，表現遠離煙火的世外桃源味道。給人以任意玄思，茫然而不知所措的感覺。宋代畫師還對此進一步作了“非無舟人，止無行人”的充滿了牧歌式情調的理解。

千山鳥飛絕，

萬徑人蹤滅。

孤舟蓑笠翁，

獨釣寒江雪。

（柳宗元《江雪》）

◀◀ 王維《江雪圖》。

絕、滅、孤、獨，一片空寂，冰天雪地，還釣什麼魚兒？超越常人的意表之外。全詩峻峭挺拔，遺世獨立，自有禪宗中"唯我獨尊"的味道。

半畝方塘一鑒開，
天光雲影共徘徊。
問渠哪得清如許，
為有源頭活水來。

(朱熹《觀書有感》)

朱熹這首詩直接寫心，比較好理解。如果我們注意到第十章對他的理學的討論，就更清楚了，所謂萬變不離其宗。這首詩雖然表面上寫田園，但卻言在意外，倒是題頭說得一清二楚：觀書有感。讀書讀了不少，如何融會貫通？那就靠明心見性了，靠自己的源頭(天賦、本性)悟出來。

橫看成嶺側成峰，
遠近高低各不同。
不識廬山真面目，
只緣身在此山中。

(蘇軾《題西林寺壁》)

這首詩簡直就是在討論禪學，我們在本書的開頭已講過鑽故紙堆而不出的公案，執迷於經文，永遠也不能開竅，要進得去，出得來。只要人在"山"中，左看右看，變幻無窮，沒有定性。只有回到本心，超出物相，才能把握事物。

充滿禪味的詩詞很多，在中國詩歌寶庫中很難搜羅畢備，如"清水出芙蓉，天然去雕飾"（李白）、"江山如有待，花柳自無私"（杜甫）、"無事日月長，不羈天地寬"（白居易）、"吾心似秋月，碧潭清皎然"（寒山）、"芳草白雲留我住，世人何事得相關"（皎然）、"風乍起，吹皺一池春水"（馮延巳），"無可奈何花落去，似曾相識燕歸來"（晏殊），"落花人獨立，微雨燕雙飛"（晏幾道），"淚眼問花花不語，亂紅飛過秋千去"（歐陽修）……限於篇幅，暫且說到這裏。

禪宗對中國的詩學、文學，乃至整個美學都有影響，因為是談詩歌，我們簡單介紹一下禪宗對中國詩學的影響。禪對詩歌的影響最早可追溯到唐代王昌齡的"意境"說，他在《詩格》一文中引入禪宗的境界說，提出了"意境"的概念，對中國的詩歌乃至散文創作直到今天仍具有深遠影響，王國維的《人間詞話》對此作過專門的發揮。

唐末司空圖著有《詩品》一書，專門評論詩歌的，如提到"雄渾"時，他說："荒荒油雲，寥寥長風。超以象外，得其環中。持之非強，來之無窮。"談到何謂"含蓄"時，他說："不着一字，盡得風流。"諸如此類，處處透出禪機。

南宋嚴羽著有《滄浪詩話》一書，自稱"乃斷千百年公案，誠驚世絕俗之談，至當歸一之論。"他在《詩辨》這部分中說："所謂不涉理路，不落言筌者，上也。詩者，吟詠情性也。盛唐諸人惟有興趣，羚羊掛角，無跡可求，故其妙處透徹玲瓏，不可湊泊，如空中之音，相中之色，水中之月，鏡中之象，言有盡而意無窮。"此段詩論，多處援引禪宗語言，深具禪的旨趣，而其中"羚羊掛角，無跡可求"一句便是唐末雪峰義存禪師開導弟子的話。

至於用禪宗來談創作體會的詩人，則多不可數，如蘇軾的"一朝悟罷正法眼，信手拈出皆成章。"元好問的"詩為禪家添花錦，禪是詩人切玉刀。"黃庭堅的"從此春風春雨後，亂隨流水到天涯。"楊萬里的"不到南華與修水，於何傳法更傳衣？"董潮的"君知否，桃花燕子，都是禪心。"以詩喻禪，以禪論詩，曾風行一時。

禪宗對中國詩歌的影響，也不僅僅停留在文人之中，連布衣百姓吟唱的民歌，也常常充滿了達觀曠遠的意味。有一首廣西民歌唱道——

> 哥住河東妹河西，
> 撐船接妹星斗移。
> 通夜月光照有情，
> 忘記月西荒雞啼。

另一首廣東民歌唱道：

> 三月李花滿山開，
> 妹為阿哥門半開。
> 枕上阿哥聞阿妹，
> 問是香花是香腮。

前一首，一對情人船上的幽會，既有"月上柳梢頭，人約黃昏後"的意境，更有融化於愛情體驗中沉醉到幾乎不知地老天荒的程度；後一首，則除了陶淵明式的田園風味之外，將李花的香味，與情妹體香完全混為一體，"香豔"之中，透出禪宗思想裏的"心即境，境即心"的渾然無別大境界。

而"心即境，境即心"的渾然無別，正是中國古典詩歌的最高境界。

倘若中國沒有禪宗，中國的文人乃至民間情歌，是否能達到今天這樣令全世界傾倒的境地，那是很有疑問的。

2. 禪與中國散文

先秦時代的諸子散文，大抵離不開經與史，即是說理或記事，但在莊子那裏就有點汪洋恣肆、天馬行空了。這時候佛教還未傳入中國。

東漢至三國，佛教傳入中國，因此有了譯經活動，這對中國的語言文字不能不產生影響，在文學體裁上，對散文的影響是最直接的。又因為宣傳的需要，把佛教經義改編成說唱的文學，故而在體裁、內容方面都影響到中國的詩歌、小說，乃至戲劇。這是從廣泛的方面說的。

六朝人的山水散文，按今天的眼光來看，是充滿禪味的。陶淵明、王羲之、謝靈運、稽康、阮籍（包括其他"竹林七賢"）的文章，到處可見這種避世隱逸、留連山水、人生無常、少私寡慾等思想。陶淵明的《桃花源記》、王羲之的《蘭亭序》都是千古流傳的名篇，對

◀◀ 南北朝時期《金剛經》

中國歷代散文的影響不可估量。六朝文人受老莊玄學影響是明擺着的，但跟佛教也不無關係，因為當時的佛教十分昌盛，各朝君主都大加宣揚，杜牧說"南朝四百八十寺"還是說少了，大約僅指京城附近。據考證，陶淵明、劉遺民與慧遠大師結白蓮社於廬山中，慧遠大師後成為佛教淨土宗的鼻祖。謝靈運也與佛門中人頻繁往來。

　　梁武帝時，達摩來到中土，禪宗開始成為一門宗派，但在此之前，禪宗所推崇的佛教經典《金剛經》、《涅槃經》都已譯成漢語並廣為流傳，而且像道生、傅大士這樣的人物，早已先達摩一步，在南方宣講禪學了。達摩選擇這個時候來中土，似是預謀好的。六朝時，道家玄學通過文學家而與佛教結合，最後催生了禪宗，在這個過程，文學確實起到了一個橋樑或催化劑的作用。至於達摩祖師的東來，只是起到一個畫龍點睛的作用。而達摩的弟子慧可，在出家前，已經是一個深通儒道的飽學之士，如果沒有這個基礎，禪宗能否傳承下來，確實大成問題。正是經過慧可、慧能這兩個重要環節，禪宗才成為一門中國化了的佛學。

禪宗五傳而至慧能，已經是盛唐時代，其時禪宗在社會各方面，尤其是對文學的影響，已經是不言自明的了，因為禪宗天生地跟文學人士、士大夫（主要是官場失意者）有親緣關係。我們在上一節談禪宗與詩歌時已經提及。在散文方面，專門談禪論道的不說，我們主要還是談山水遊記散文，唐宋八大家的文章，絕對是經典，為後代的散文寫作建立了範式。柳宗元的"永州八記"是山水散文中的名篇，其中不乏老莊的逍遙、禪學的空寂思想，如《小石潭記》中有句："潭中游魚可百許頭，皆若空遊無所依"。

　　宋代的散文是十分繁榮的，歐陽修、王安石、曾鞏、蘇氏父子，都是代表人物。歐陽修的《醉翁亭記》有"醉翁之意不在酒，在乎山水之間"，是千古流傳的佳句。蘇軾的《石鐘山記》、前後《赤壁賦》，都是膾炙人口的散文名篇。"清風徐來，水波不興"，"山高月小，水落石出"，都富有禪意和哲理。

　　明代儒釋合流的趨勢最為明顯，禪的思想進入文學人士的文章更是沒有什麼障礙，其他的不說，這個時代產生了小品文，是文學史上一件重要的事情。小品文與其他那些"大散文"不同，更多的是重視個人內心的感受的抒寫，是一種內在化。在文學理論中，李贄提出"童心"說，公安派三袁提出"性靈"說，都是受到禪宗思想的啟發，對散文創作產生了深遠的影響。

　　"五四"時期，周作人特別推崇晚明的小品文，並將其作為自己的示範作品；又從日本的俳句中吸取營養，形成了與魯迅相對立的沖淡、平和的散文風格，在文壇獨樹一幟。無論是明代的小品文，還是日本的俳句，都曾受到禪宗美學的影響，再加上周氏自己也對佛典頗有研究，所以周氏的散文路數，與禪宗思想實在有很大的關係。尤其是他晚年的專談魚蟲鳥木的小品，更是深得禪宗的旨趣。

20世紀90年代，中國興起了“禪文化熱”，湧現了一批以弘揚禪學這種傳統文化為己任的作家。於是便因緣際會地出現了所謂禪文化散文。按我粗略的劃分，禪文化散文大抵可以分禪典散文、禪話散文、禪意散文三大類。前者以講解禪宗經典為目的，如台灣的南懷瑾老先生，學術底蘊深厚，旁徵博引，擴大了禪典在信眾中的影響。次者以禪理入文，結合日常生活，以小見大。比較有代表性的作家如台灣有林清玄等人。至於後者，範圍就更為廣泛，往往是在行文中自然流露出一種禪意、禪趣，作者不一定是對禪理有研究的人，甚至不一定意識到禪的存在，所表現出來的只是一種無意識，因為禪作為一種傳統文化，會不知不覺地影響到每個中國人。這樣說或許還不對，按“人人都有佛性”、“即心即佛”來理解，則不用受到影響，每個人天賦中都帶有這種禪意。

3. 禪與中國書畫

偉大的中國繪畫，在世界繪畫史中以獨特的理論和實踐而獨佔重要的一席之地，尤其在山水畫上，不着力於求形似，而着力求神似和畫家本人的情意寄託——即“因境而生其心，因心而生其畫”。這種主張與實踐的全盛之開端，始於盛唐。

盛唐南北兩派的畫家中，以南派更注重內心感受的託諸筆墨，詩人王維，開創了中國“文人畫”的先河，繼他之後，董源、巨然、米苐父子，皆成為這方面的巨匠。據北宋時人們的統計，當時有八種山水意境被畫得最多，分別為："平沙落雁、遠浦歸帆、山市晴嵐、江山暮雪、洞庭秋月、瀟湘夜雨、煙市晚鐘、漁村落照"，同樣也是後代永遠畫不完的題材。

王維能以詩意入畫，以畫表現詩意。他的畫風體現在兩個方面，一為水墨渲染的畫法，一為空寂的意境，因此曾被明代董其昌尊為南宗山水畫的始祖。至今流傳有《輞川圖》壁畫摹本石刻的拓本。此外所傳王維《雪溪圖》、《江山雪霽圖》、《江干雪意圖》都是後人摹作或託名之作。

董源《瀟湘圖》和《山口待渡圖》所描繪的都是平遠山水，寬而平靜的江水，山巒層層遠去，革木蔥蘢，汀渚交橫，煙水空朦。兩卷畫法相似，為水墨淡着色，低平而渾圓的矮丘坡岸皆以長如披蔴的線和水分豐富的墨點組合而成。清幽淡遠，虛虛實實，頗有濕潤感。《夏山圖》則是以高遠為主的構圖。山外有山，疊嶂重巒，具有無限高、無限遠之連續感。它超越了時空的界限，以心靈中豐富的意象投射給筆下的自然景觀，這種中國特有的觀照自然的方式——散點透視法，不能不說正是得益於禪宗美學的整體性思維。

巨然是董源的學生，南唐僧人。

◀◀ 王維《雪溪圖》。

他的《秋山問道圖》、《溪山蘭若》與《萬壑松風圖》描繪的都是雲峰、嵐氣、松濤、茅屋，萬木蕭條、幽深靜謐的意境，遠遠地只見一個孤獨的身影融入在秋峰寒雲中，表現出一種遠離人間煙火、萬事不關心的悠遠、淡泊的意境。

米芾的《春山瑞松圖》，其子米友仁的《雲山圖》和《瀟湘奇觀圖》，則乾脆將山峰林木的形，主觀嬗化為大大小小密密麻麻的點，世稱"米點山水"，比西方重內心感受的"印象派"早了將近一千年。

詩人蘇東坡在中國畫上是極有獨創的一位。蘇翁善畫竹，別人畫竹用黑色的墨，蘇氏畫竹，偏偏使用紅色的硃砂。禪宗公案中有這樣一則故事：

一個小和尚問老和尚：怎麼能用硃砂畫竹子呢？竹子有紅色的嗎？

老和尚回答：那麼，你見過黑色的竹子嗎？

小和尚無話可答。

這則禪語暗寓了這樣一個道理：人們對外界事物（實相）的認識，往往因為熟見熟聞而認同，即使其並非"真實"也認為"真實"，不是"自然"也認為"自然" —— 就有如見慣了墨畫的竹子而沒有產生過疑問一樣。而其實呢，我們的認知、認識，往往被這種熟見熟聞的"知見"之差池或謬誤所欺騙。

所以，竹子既然可以用黑墨來畫，為什麼不能用丹朱來畫呢？

而直接以佛教人物和佛教故事為題材的繪畫，更是在形體上與禪宗直接結緣。唐佛寺盛時，有一千八百寺，寺寺有佛教畫，多半為壁畫，其中的大手筆吳道子一人，便畫了二十五寺中的三百餘壁。吳道子和後來的另一個佛教人物畫大師張僧繇，共同開創了風格完全區別於印度佛教畫的中國佛教畫風，並以此影響了中國的民間和文人的人物畫，其意韻妙處在於"運筆如空際游移，縹緲若仙"。

這種"空靈"和"縹緲"，正是禪宗的特點之一。

在花鳥畫方面，最具禪機感悟根器的，大概要數明末的陳老蓮（陳洪綬）了。他與和尚出身清代的畫家八大山人（朱耷）畫山水隨意變形而到了不拘形跡程度相似，陳老蓮的花鳥帶着極強烈的主觀性——他筆下的花木，常常是一枝半朵，卻是葉葉有情，條條有意，彷彿那花、那葉，全在生長與運動之中——這種將花木畫出"旋轉式"動感的境界，比西方的梵高早了幾個世紀。

追求"意境"，直接導致了中國畫不走生硬、"現實"（世界的"實相"）"照相"的寫實路子，而走重內心主觀感受，化"現實"（畫紙或畫布上的"實相"）為"我心"的主觀印象式道路。這正體現了禪宗的影響。故"物我兩忘"的境界，既是禪本身的極高境界，更是中國畫的極高境界。

唐代詩人王昌齡將詩的境界歸為三境：一"物境"，二"情境"，三"意境"，他所說的第三境，便是"張之於意而思之於心，則得其真矣"。王氏"詩格三境"之說對後人影響很大，也可以看作是對中國畫境界的一種描述，但是，這論調並不"究竟"，因為仍是念念不忘於"心"與"物"；要論"究竟"的，倒是慧能的數傳弟子青原惟信說的："未開悟之前，見山是山，見水是水。及至後來，親見知識，有個入處，見山不是山，見水不是水。而今得個休歇處，依前見山是山，見水是水。"

惟信的第二境："見山不是山，見水不是水"，已是很高的境界，近當代西方的印象派畫家們，不正是走到了第二境麼？而惟信說的第三境，"山又是山，水又是水"，卻早已不是從前的"見"，而是一種"物我兩忘"，

▲ 陳洪綬《蓮石圖》。

或 "物我相契" 的境界了。

　　這正是中國畫得以在點山滴水、片葉枝花、尺紙寸絹之中，營造和煥發出千百年不衰滅的無窮魅力的秘密之所在。以上只是簡單地舉了幾個例子，中國禪意山水很多，如元四大家、明的吳門畫派等等，在此不贅。

　　當藝術與人生交融如水乳的時候，藝術便成為生活的一部分，而生活的本身，也就成了一種藝術。

　　中國的書法便是如此。

　　書法本是人類語言的一種書面記錄形式，它的功能是實用性的；但一旦用禪的精神去觀照它，它便成了一種審美藝術，乃至成為一種

▶▶ 張旭書法《般若波羅密多心經》。

精神寄託。

　　自從佛教傳入中國，抄寫佛經便成為一件勞動量極大的事情，今天中國書法所留下的古代經典作品，除了歷朝的名家之外，最有名的，要數幾部有關佛經的碑刻了。繼較早的"龍門石刻"之後，千古不朽的作品第一大概要數《泰山經石峪金剛經》了——這部刻在泰山一條溪谷石壁上的《金剛經》，每字逾尺，後人評論它："擘巢大字之極品，莫過於《經石峪》"，它端莊自然、博大，充滿一種不朽的偉大精神。

　　唐人的狂草把中國"線條的藝術"推上了抒情的最高峰。張旭、懷素的草書都是中國書史上自然美的無上傑作，透出的那不可一世的傲岸精神的文化背景，盛唐浪漫的激情、骨力和風氣，更透出一種"禪氣"——追求適意自然的境界。既然"本心即佛"，只要尊重自己的心就行了，一切外在的束縛和清規戒律都是多餘的。

　　張旭的書法受到公孫大娘劍舞（杜甫曾作詩大加稱讚）的啟示，超越了筆墨技巧程式，線條中那彷彿龍騰蛇行、剛圓遒勁、倏忽之間變化無常、急風驟雨般不可遏止的情態姿勢，表明激烈旋轉的劍器舞和書法中狂草在內在生命節奏的息息相通。

　　對於懷素和尚的書法，李白有詩讚道：

少年上人是懷素，

草書天下稱獨步。

墨池飛出北溟魚，

筆鋒掃卻山中兔。

起來向壁不停手，
一行數字大如斗。
恍恍如聞神鬼驚，
時時只見龍蛇走。

懷素有直面張僧繇《醉僧圖》詩云：

人人送酒不曾沽，
終日松間繫一壺。
草聖欲成狂便發，
真堪畫入醉僧圖。

這其實是懷素的自我寫照——懷素常常醉中作書，醉中，"恍恍"又"惚惚"，於是，"物我同化"。那書法，便是"心忘於筆，手忘於書，心手達情，書不忌想，是謂求之不得，老之即彰"的"情緒內分泌"所造成的結果，先有"物我兩忘"，全然無礙克縛，而後才有"物我同化"，"非書非我，即書即我"的大境界產生。

對於禪與書法，以上也是簡單地列舉而已。順便說一句，在推廣了文字改革、漢字已不再是主要文字交流手段的日本，書法也仍舊是一門體現乃至修習禪機的藝術，號稱"書世"，它甚至比當代的中國書法家們更重視"意味"；但另一方面，中國的近代書法家，則偏重於"山又是山，水又是水"的"第三禪境"，在平常恬淡中去體現天真與博大，由文人而和尚的弘一法師李叔同便是近代禪宗書家的一個

◀◀ 弘一法師書法《大慈念一切，慧光照十方》。

代表。他談到"放"與"淡"："世法唯恐不濃；出世法唯恐不淡。欲深入淡字法門，須將無始虛妄濃厚習氣盡情放下，放至無可放處，淡性自然現前。淡性既現，三界津津有味境界如嚼蠟矣。"

4. 禪與中國其他生活藝術

在諸多藝術形式當中，與佛教的生存形式結合最緊密的，則是建築與雕塑，還有音樂。

佛教的寺廟與浮屠（塔），本來自古天竺印度，但它傳入中國之後便漸漸被"中國化"了，無論是飛簷斗拱的"大雄寶殿"與四面、六面乃至八面的佛塔，以及林林總總的石窟佛廟，全都在引進與創造的結合中完美和完善了自身的形式，同時又啟發了中國的民俗建築

——形成於元明二代的中國最著名的紫禁城故宮的大殿，顯然吸收了佛教大雄寶殿的宏偉，而天壇明顯地吸納了佛塔的崇高；在精神上，它們則統一地體現了禪宗的"萬象同一"——道家語言所表述的"天地人三才合一"的觀念：既是人類的活動場所，又是與天地景觀渾然一體的造物。

而在"平常"與"恬淡"、"天然"的禪機體現方面，最有代表性的，則是中國園林"咫尺容大千"的奇妙結構方式：譬如蘇州園林的圍牆，那形態不一的窗牖，將園外的天然景色巧妙而天然地收入園內，達到其園林風光"不在內、不在外，不在中間"的渾然無別境界，這是令全世界一切偉大的建築師都傾倒不已的。

至於雕塑，簡直毋容多言，中國現在最偉大的雕塑，幾乎全是佛教人物的雕塑，以"樂山大佛"為代表的巨佛石刻像，其偉大不僅僅在於雕刻藝術本身，更在於它的天才構思上——借山刻佛，山佛一體。

近年人們偶爾發現，樂山大佛所在的一脈山巒本身，便是一尊更巨大的天然"臥佛"，那麼，當年的雕刻師本身，對此是有意，抑或是無意之中湊成其天然？這一點雖然不可考證，但以禪家的"佛在一切處"的思想考究，則當時的刻佛者，當是有心將那片連綿的山巒視為一座天然的大臥佛的。

至於音樂，佛教音樂傳入中國之後，既保存了"梵樂"純粹的一面，又吸收中國本土音樂的精華，乃至使先秦的中國宮廷音樂與西域得來的廟堂音樂合二為一，產生了一種既有天國莊嚴色彩、又富人間生命意蘊的音樂形式，這種形式，後來便成為民間最莊嚴的各種音樂形式的主調。

　　有趣的是，唐代著名的音樂家康昆侖和尚曾在長安東市彩樓上演奏一曲《羽調綠腰》琵琶曲，表演之妙，令滿座傾倒。此時，忽然又出來一位盛裝的女郎，將康昆侖所彈的曲調移入更妙的另一曲《風香調》中演奏，康昆侖歎服女郎的絕技，禮拜稱弟，殊不知，這位扮成女樂伎的"女郎"，也是一個和尚，是長安莊嚴寺的僧人，法名段本善。

　　和尚扮成女樂伎，看起來頗有幾分荒唐，但禪宗對世界是持"無分別"論的：人無貴賤之分，樂伎亦是人；人不必以男女分，女人與男人同樣有"慧根"與"佛性"。

　　若悟通活生生的禪，即使是金剛，是羅漢，是菩薩，是佛陀，全都"大平等"，據說觀音大士曾化身為妓女去啟悟天下迷誤的男人，那麼，懂得禪機的僧人，不但"吃飯喝茶，皆是妙道"，聞樂起舞，也是"妙道"。

　　這是題外話。

▶▶ 敦煌莫高窟壁畫中的舞樂場面。

僧人中，頗多"醉僧"，即喜歡喝酒。"布袋和尚"契此（號長汀子）便是一個，因其笑口常開，後人稱為彌勒佛；濟公則是民間所熟知的一個；僧人中，又更多"茶僧"，"喝茶去"是禪宗公案中極著名的一則。如今，廣東丹霞山的"別傳寺"（即禪寺，取"教外別傳"之意）的僧人膳堂有一副對聯：

<blockquote>
掃將竹葉烹茶葉，

擎得樹根煮菜根。
</blockquote>

　　——喝酒與飲茶，在高僧眼中看來，全可以充滿禪機。中國茶文化誕生於兩漢之際，興盛於唐宋之間，衰落於明清之後，其興衰期恰好與佛教，特別是禪宗發展週期不謀而合。可謂禪宗興則茶道興，禪宗亡則茶道亡。而其最有力的證據，則是1987年4月，陝西法門寺出土了舉世矚目的唐宮茶具系列，它們和佛骨舍利一起秘藏在法門寺地宮裏，這大概是佛教與茶結緣的最有力證據吧。現代中國名馳海內外的"潮州功夫茶"，品茶時講究"三品三香"，一曰"鼻品"，品其"溢香"，二曰"舌品"，品其"噴香"，三曰"心品"，品其"留香"。這三品，是三種漸進的境界，三境合一，則"茶心亦是佛心"矣。

　　其他一切生活，觀花賞月亦是藝術，亦是禪機。

　　從詩歌、繪畫到書法，從建築、雕刻到音樂，從品酒、品茶到品花賞月……中國人生活中的藝術，和藝術中的生活，無一不或深或淺、或明或暗地打上了佛教——尤其禪宗的烙印。悟得這一點，則可以知道，人生一切皆"禪"，禪並不高深神秘；反之，也可以知道，禪存在一切藝術與生活的境界之中，懂得禪的大智慧，則人生的一切，皆可以是美妙的藝術、博大的禪機。

當生活與藝術"物我同化"的時候，我們便可以在物質生活不論奢侈或貧窮、生活節奏不論緊張或鬆弛之中，時時處處都能品味到生命的大完美與大快樂，如此"藝術的人生"，便是"禪的人生"，不論何時何地，都可以有一顆如明月般純淨光明的心。

"青山原不動，浮雲任去來"，不要"擔取"，"放下"一切，心像清澈的潭水，一切苦樂，像從潭上飛過的雁鵝，它們飛過去了，潭水並不留下它們的影子，這樣的人生，便是"無畏無悔無惱"的大自在安詳的人生。

願君記取我一語，安然祥和看人生。

……俳句還有無季節俳句和自由律俳句等變體。俳句的創作靈感與禪體驗有關，這點又類似於禪宗偈語。關於禪宗在日本的傳播，我們在前面已經介紹過了，在此不再重複。在禪宗看來，經驗認識只是一些停留在事物表面的物象，甚至是'業識'、錯誤認識……

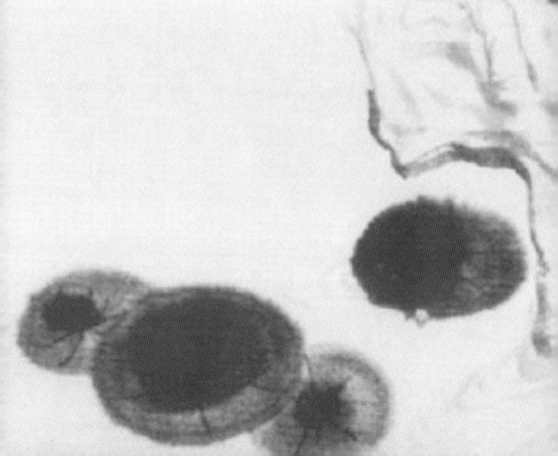

第十一章 蛙入水有聲

——禪與日本藝術

1. 禪與日本俳句

晨曦白魚白，身長僅一寸。

海濱暮靄濃，遠處鴨聲鳴。

辛崎古松暗，更比花朦朧。

靜寂古池畔，蛙入水有聲。

俯身仔細看，坦根芨花開。

水落地出時，秋菊已挺姿。

這是被稱為俳聖的日本江戶時代俳諧大師松尾芭蕉的一首詩，寫
的是一個古池的景物。對於熟讀中國古詩的人來說，這種意境並不難
體會，比如上一章介紹過的那些禪意詩。芭蕉的大半生是在大自然中
徒步跋涉中渡過的。他一笠、一杖、一囊，像一個雲水行腳的僧人，
在漫漫旅途中體驗大自然造化的奧秘，寫下他那些閒寂恬淡、憐世幽
深的著名詩篇。他臨終時留下絕筆："旅途臥病，夢繞荒野行"，就
是他飄泊和回歸的寫照。他有另一首著名的俳句：

古老一池塘，

一蛙跳在水中央。

撲通一聲響！

"古池塘"是一幅靜景，代表孤獨與閒寂以及時間被凝固不動。
蛙兒跳入水中央，打破了這種寧靜，泛起了漣漪，"撲通"更反襯、

加劇了寂靜，正如我們在前面分析王維的《鳥鳴澗》一樣。水聲、波紋就代表意識，或理智思考，池塘象徵無意識。一陣波動之後，無意識又恢復了控制，把意識消除了。正如一個人微微睜開眼，又沉沉睡去。這就是禪宗說的要以“無念為本”。鈴木大拙稱：“芭蕉的《古池》詩，跨越了‘沒有時間的時間’的永久彼岸，那是古之又古的地方。無論什麼樣的意識都難以估測；那是萬物生存之處，是這個差別世界之淵源，而且其自身並未顯示任何的差別。然而，理智地思考它時，卻成為一種觀念，成為在這差別世界之外，還具有一個存在，這又是理智的對象。唯有依據直覺才能真正地把握這個無意識界的無時間性。”

我們再欣賞另一首俳句：

晨光啊，漫不經心開放的牽牛花，
纏住了井邊長着青苔的水桶，
我只好去借水。

這首俳句有點像周作人讚賞過的、日本俳人一茶寫的“不要打哪，蒼蠅搓他的手，搓他的腳呢”的俳句一樣，表現出一種敬畏自然、珍惜生命的心境：為了不打擾牽牛花，寧願自己去向別人借水。這讓人想起了禪宗中的“水鳥森林悉皆念佛念法”、“青青翠竹，盡是法身；鬱鬱黃花，無非般若”、“我心即佛”、“我心即山林大地”等名言。從一些俳句我們還可以看出其對中國禪意詩的學習和模仿：“柿葉飄零人徑絕”（水原秋櫻子）、“今晚三進寺，月亮來敲門”

（芭蕉）、"寒夜聞人語，庵寺在林中"（河東碧悟桐）、"時已到深更，水鳥屢發拍翅聲"（高浜虛子）、"美乎哉，紙窗破洞看銀河"（小林一茶）、"信家木曾問旅路，唯聞前方白雲深"（正岡子規）、"夏日海面，又見孤帆來"（高浜虛子）、"秋風寂寥，酒肆吟詩有漁樵。"（與謝蕪村）……

　　俳句是日本具有代表性的文學形式，起源於日本的連歌及俳諧兩種詩歌形式，是世界上最短的詩歌，一般由"五一七一五"三行十七個音節組成，內有表示季節的季語，並有一定的音韻，朗誦起來朗朗上口，抑揚頓挫，富有音樂感，其格律頗似中國的宋詞（長短句），當然，中國的詞牌品種要比俳句的格式複雜得多。俳句還有無季節俳句和自由律俳句等變體。俳句的創作靈感與禪體驗有關，這點又類似於禪宗偈語。關於禪宗在日本的傳播，我們在前面已經介紹過了，在此不再重複。在禪宗看來，經驗認識只是一些停留在事物表面的物象，甚至是"業識"、錯誤認識；而"悟"則是洞見了自己的內心世界，發現了那個自我的體性，也即佛性。成功的俳句創作，就是這種反觀內省，物我同化，達到豁然開朗的境界。"五四"時期，我國著名散文家周作人就特別推崇日本的俳句，周作人散文的沖淡雋永，多少都受到日本俳句的影響。這是"出口轉內銷"，禪宗從中國傳到日本，又被留日學生帶回國內，對中國現代散文的創作造成巨大的影響。而當今的"禪宗熱"不也是由禪宗在歐美引起轟動，回過頭來才引起國內人士的重視嗎？這些，都是題外話了。

▶▶ 日本京都桂離宮庭院一角。

2. 禪與日本園林

　　中日兩國的古典園林都可分為皇家園林、私家園林和宗教園林三種主要類型。日本皇家園林始自飛鳥時代，奈良上和平安時代的作品以軸線式和中心式為主，在桃山、江戶時代達到頂峰。平安時代的庭園中，被稱為"寢殿"的建築放在庭園的中央，坐北朝南；其左右或後方的建築稱為"對屋"。南面為庭園，有人工湖和假山，湖中有小島，岸邊有"釣殿"和回廊。江戶時代，比較典型的作品有京都的桂離宮、仙洞御所、修學院離宮、京都御所庭院四大名園。這些庭園中都有庭水、庭島、石橋、土橋等設施。風格方面，有的受西方巴洛克風格影響，但更多的是受中國文化的影響，如風水學、禪宗美學的影響。日本即使皇家園林也都是小山小水、茅茨草屋、不施粉黛、樹多屋少、伏式置石、土橋平橋，總體規模較小。由於自鎌倉時代到江戶時代國家政權都為幕府所控制，天皇僅是一種象徵，是沒有實權的虛君，故日本的私家園林以武士私園為主，相對而言，園林面積比較開闊，建築物體積較大，彩畫多，立石規模也大，園林整體開闊明朗，整體上的氣勢要蓋過皇家園林。日本的寺廟園林風格有別於其他類型的園林，它受禪宗的影響極大，形成獨特的枯山水庭院，而神社園林則以建築為主，庭前置一片白沙以顯示其神秘。

為什麼日本會孕育出獨特的寺廟園林藝術呢？首先從日本民族的審美心理談起。一方面日本是個多山島國，富士山、島嶼、海洋成了其主要的審美意象；二是受古代農耕民族生產生活方式影響。上古的日本民族還保持着對自然泛神崇拜的信仰，因此對自然美有着樸素的親近感。這種樸素的審美意識表現在藝術上，就是要求一種不事修飾、自然簡潔的格調。但因其生存在小島上，資源有限，故而形成了所謂的"島國根性"，不得不在精細處下功夫，但有時也不免沉溺於瑣屑的細枝末節之中。自從禪宗傳入日本以後，日本的國民性與源自中國的禪宗思想與山水詩畫美學相結合，創造出獨樹一幟的日本園林風格。

　　禪宗美學對於日本古典園林的影響是非常深刻的，幾乎所有園林

▲ 日式枯山水園林。

類型都能夠看到這種影響的存在，無論是舟遊、迴遊的動觀園林（如上面提到的四大名園），還是枯山水、茶庭等坐觀庭園，都或多或少地反映了禪宗美學枯寂、簡約的意境。不過這些庭園形式中將禪宗美學的各種理念發揮到極致的，當屬枯山水園林一派。

所謂枯山水就是一反"無池無水不成園"的傳統，在沒有池子、沒有山水的地方散置石塊或疊石造山，呈斷壁懸崖或荒坡野嶺狀，造成偏僻的山莊、緩慢起伏的山巒等模樣。枯山水的造園手法借鑒了起源於中國的盆景藝術，純粹以寫意手法表現山海之畫面，激發觀賞者內心詩意的想像。枯山水以石塊象徵島嶼、礁岩，以白砂象徵大海，白砂上耙出的紋理代表萬頃波濤，以苔蘚、草坪象徵大千世界，寥寥數筆，以小見大，在極小的空間中表現出天地造化。雖然寥寥幾筆，卻符合"一粒粟中藏世界，一須彌中見大千"的禪宗精神，為習禪的人營造出一方精神淨土。枯山水這種極端簡約與抽象的寫意方式充分地表達了"意在言外"、"不著文字"的禪宗哲學內涵，與中國文人畫的精神取向是相通的。

在園林藝術方面，近期中國也同樣出現了這種"出口轉內銷"的傾向。走進現代都市人的居室和露台，往往就能看到這種枯山水的裝修設計風格。

3. 禪與日本茶道

茶道是以飲茶為手段，對人們進行禮儀的教育和道德修養的一門藝術。早在奈良時代，茶就由中國引進到日本，但傳播範圍不廣。在

青樓十二時 續

日本茶道的浮世繪。

中國南宋的時候，榮西和尚從中國浙江攜回茶種，並由拇尾高山寺明惠和尚試種，得優質茶，進而推廣到全國各地。榮西著有《吃茶養生記》一書，說茶具有"散蒙、醒睡、修禪之資"，喝茶遂在禪僧中流行。其後大應禪師又從中國學到了沏茶的方法，中國的禪僧也先後去日本傳授中國煮茶的方法，日本的飲茶習慣逐漸以佛寺為中心發展起來。這時候，茶還僅僅被看作養生的物品，沒有與修禪結合起來。

到了室町時代，飲茶被當成一種交際手段，在新興的武士階層、官員、有錢人中間流行起來。這些人具有暴發戶作風，喝茶過程往往有鬥茶、賭博等活動項目。此時，飲茶已開始走向藝術化、娛樂化。接着是能阿彌首創了書院茶。書院茶是在書院式建築裏進行的。主客都端正地跪坐，茶室裏絕對肅靜。主人在客人面前莊重地為客人點茶，沒有品茶比賽的內容，也沒有獎品，主客問答簡明扼要，沒有高聲喧嘩、雜亂無章的場面，飲茶由粗俗變為文雅。

隨着飲茶在俗世中的流行，出現了另一種茶文化，即草庵茶，其開創者為珠光和尚。珠光（1423-1502），即村田珠光，是一休的弟子，他是日本茶道文化的開山者。珠光從一休處獲得了參禪的傳法書證——圓悟克勤的墨跡。珠光將墨跡掛在四張半榻榻米的草庵壁龕裏，每日沖茶焚香禮拜，終於悟到禪法即蘊含於茶湯之中，開創了茶禪一味的境界，形成了獨特的草庵茶風。圓悟克勤的墨跡也就成了茶道的最高寶物。

在珠光之後，又有武野紹鷗繼承和發揚了草庵茶道。武野紹鷗曾經是一位連歌師，他將日本古典歌道的理論導入了茶道，認為茶道的理念與歌道的精神應是同一的，他啟用了許多民間日常器皿為茶道具，大大推進了草庵茶的本土化、平民化的進程。一位禪師曾在武野紹鷗的肖像下題有"料知茶葉同禪味，吸盡松風不意塵"的讚偈，可見紹鷗不但實踐了"茶禪一味"的思想而且將這一思想推向深入。

▲ 日本"茶聖"千利休。

草庵茶的集大成者為千利休，被後世尊為茶聖。他是紹鷗的弟子。他使草庵茶更深化了一層，使茶道的精神世界進一步與參禪悟道緊密結合起來，擺脫世俗中的浮華風氣，將日本中世紀茶道歸結在禪宗"本來無一物"的美學觀念裏。他在茶書《南方錄》寫道：

"小草庵裏的茶道，首先要以佛法修行得道。追求豪華的房宅，美味的食品，那是俗世之舉。家不漏雨、食無饑苦便足矣。佛之教便是茶之本意。汲水、拾薪、燒水、點茶、供香、施人、自啜、插花、焚香，皆為習佛修行之行為。

"覺書須知茶道無非是燒水點茶。

"茶道的秘訣是：夏日求其涼，冬日求其暖，茶要合於口，炭要利於燃。"

千利休的茶道不論是思想方面還是實踐方面都滲透禪的精神。他在規定茶道禮法時借鑒了很多禪院清規。例如：中立結束進入後座時，主人不喊客人入席而是鳴鑼。主人在點茶時要穿上與僧侶相似的黑色服裝，日語叫"十德"，着草鞋。客人吃的茶食叫"懷石"，餐具由客人自己清潔。茶庭又叫露地。等等。

今天茶道已普及於民間，對日本人的文化生活產生了巨大影響。日本人為茶道所創立的規矩多達上百條，包括如何處理花卉，挑選茶葉，使用水勺、木炭、茶罐、茶碗等等，它的主要意義不在於通過飲茶來提神醒腦或招待客人，而在於通過品茶及完成整套禮儀，來領悟出禪的真諦，要言之，它是一種修養方法。茶道儀式，可分為慶賀、迎送、敘事、敘景等不同內容。友人到達時，主人已在門口敬候。茶道開始，賓客依次行禮後入席，主人先捧出茶點，供客人品嘗，以調節茶味。之後主人嚴格按一定規程泡茶，按照客人的身份尊卑、長幼順序，依次遞給客人品飲。點水、沖茶、遞接、品飲都有規範動作。另外，日本茶道非常講究茶具的選配，一般選用的多是歷代古玩，或比較貴重的瓷器。品飲時，還須結合對茶碗的欣賞，然後連聲讚美，以示敬意。此時，主人寬慰點頭，把茶碗端走。茶道完畢時，女主人還會跪在茶室門側送客。

構成茶道的內在精神是和、敬、清、寂。"和"指茶室的氛圍，包括茶室外部環境和室內的裝修、擺設的和諧。古色古香的几案、陶炭爐、水釜，玲瓏古趣的茶碗，配以高雅的字畫、古玩，寂靜而恬淡的插花，主客間輕聲聊天，從色、香、聲、味、觸覺方面給人以寧靜的和諧美。"敬"指謙讓之情，表達賓主在飲茶過程相互的敬意，比如上面提到的讚賞和謙虛地接受。"清"為內外清淨，減少外部環境對身心的干擾，達到內在的心無旁騖，不為物役的理想狀態。"寂"為寂靜和平，具有單純、孤絕的含義，它不僅是對環境氛圍的心理作用，而且也是一種內在的審美意向。茶道注重內在精神，追求內心世界的平靜、歸一，與禪的精神是一致的。現代茶道繼承了草庵茶的遺風，在小規模的範圍內(茶室)，創造一種近似草庵（禪院的縮影）的環境，以期達到"梵我合一"的悟境。

因此，日本的茶道，實際上是生活藝術，是禪趣、禪理的審美化，它要求在品茶中遠離塵世的喧囂、物慾的誘惑，達到"無念"、"無相"、"無住"的"三無"境界。

4. 禪與日本插花

關於花道的起源，大多說法稱其與佛教活動有關。敦煌壁畫中有一幅極為有名，經常被複製到各種印刷品、裝飾品中的天女散花圖，飛天仙女手中捧着一個花瓶。在金庸的武俠小說中，"天女散花"成了一種發射暗器的手法，這是題外話。根據有關資料記載，唐宋時代，中國佛教信徒有向佛祖供奉鮮花的習俗。當然，這是指花瓶插花；世俗中的婦女，則喜歡將花插在自己的頭上，以增加自己的姿色。愛美之心，人皆有之。鮮花，無疑是自然界中一種美麗、純潔的象徵物，人用花來表達對自然的回歸的願望。

關於禪與花的因緣，最早可以追溯到靈山一會上的"拈花微笑"的典故。傳說大梵天王到了靈山，以金色婆羅花獻佛，捨身為床座，請佛為眾生說法。世尊登座，拈花示眾，人天百萬，悉皆罔措，獨有金色頭陀破顏微笑。世尊云："吾有正眼法藏，涅槃妙心，實相無相，分付摩訶迦葉。"這個故事我們前面已經引用和解釋過，在此不再重複。但從大梵天王獻花這件事，可以看到，早在佛祖在世的時候，便已有人向佛祖供奉鮮花了。

有趣的是，禪宗在印度的第二十八祖，也即中國的禪宗初祖菩提達摩，也與花有關係。達摩在隻履歸西之前，作了一首偈子送給徒弟："吾本來茲土，傳法救迷情。一花開五蒂，結果自然成。"鮮花在達摩這裏成了一種隱喻，暗示着禪宗在中國將出現五宗七派的繁榮局面。

花道據說是在唐朝的時候，通過遣唐使傳入日本的。日本現存最古老的史書《古事記》，就提到插花，供奉給佛祖的鮮花，花枝要向着天空，以示恭敬、誠心。插花藝術不單與佛教有關，也和茶道聯繫在一起。在介紹日本茶道時，我們提到茶室中的插花。究其原因，插花與茶道都具有自然簡樸、不著文字、直指人心的禪宗美學特點。正所謂"一花一世界，一葉一如來"。比如，日本茶道的宗師千利休的茶室中只插一朵向日葵，可以說是簡單到不能再簡單。

日本的花道一開始限於寺院，8至12世紀，也逐漸走入尋常百姓家。據史料記載，室町時代（14世紀末），已經出現了專業插花的花道家，也就是說插花職業化了。到了江戶、明治時代，插花藝術越來越盛行，越講究，技藝也日趨完善，形成了許多流派。日本花道流派大抵可以分為：池坊流、草月流、古流、宏道流、遠州流、松月堂古流、未生流。有的以立花為主，有的以寫景為主，又有立花、生花、投入花、盛花等區分，近代又加入了鐵絲、石頭、玻璃等材料，各種流派都有自己審美趣味和技術手法。總的原則是由三枝主枝充當骨幹，按上下中的位置分稱天、地、人，造型上用書法比喻為真、行、草，十分有意思。從這些命名中，就可以看出，即使是在花道中，日本文化受漢文化的影響是多麼深！

　　現代日本花道和茶道一樣，已經成為一種修養的手段，把禪意寓於日常生活。日本人為此辦了許多花道學校和培訓班，每年有幾百萬日本婦女從這裏學會插花術。流風所及，日本有四分之一的人口喜歡插花，實在是一件壯觀的事。

" ……人生之所以有苦難悲傷，在於掛念牽扯和畏懼憂恐太多，一旦證悟大道，掃盡畏懼和對外物的牽掛，便獲得大自在，而一個獲得大自在的人，泰山在眼前崩塌下來還可以不眨眼皮，這樣的人生，是何等的無牽無掛、祥和安寧啊！ "

第十二章　浮雲任去來

—— 禪的"安詳觀"

1. 參透生死苦樂

真正的禪師之所以大智大慧，無畏懼，無慾求，最重要的，是他們必先經過"勘破生死關"這一重大考驗。

生命是什麼？人死之後，這個"我"到底還存不存在呢？這是人類多少出類拔萃的哲人、智者代復一代所孜孜不倦探索的第一號大問題，"勘破生前本來面目"為的也是解決這個天字一號大問題。

佛經上有這樣一個小故事：七個年幼的姐妹在樹林裏玩耍，突然看見一具冰冷的死屍，最小的尚不懂事的妹妹問："屍體在這裏，那麼人呢？人哪裏去了呢？"六個姐姐本來被屍體嚇壞了，一聽小妹妹的發問，便同時開悟了。

明代憨山禪師，幼年時見叔叔死了，陳屍床上，便問大人："叔叔哪裏去了？"大人解答不了。憨山於是抱着生來死去的終極疑問，長久探究，終於在五台山悟透生死，作一首禪偈說——

> 瞥然一念狂心歇，
> 內外根塵俱洞徹。
> 翻身觸破太虛空，
> 萬象森羅從起滅。

古天竺的七姐妹和憨山大師的因死屍而存大疑，釋大問，得大悟，所悟的是什麼？

有個和尚問靈雲志勤禪師："怎樣才能脫離生老病死的苦惱？"

志勤答道：

青山原不動，
浮雲任去來。

多麼安祥的生死觀！多麼美麗的詠死亡詩！

——人總是要死的，禪師們並不相信死後還有再生，生老病死，一如天上的浮雲，只要心不懼死，看得透，有"生成"便有"空壞"，那生着時候的"心"，便如同歸然不動的青山，不為生老病死的浮雲所遮沒。

平常人生時不知生之樂，到臨死時才發覺死的可怕，於是，面對死亡悲恐交加；而得東方大智慧的禪師們，早在生之日，便知死之必然到來，視死亡如遊子歸家，無悲無恐，於是，便得大安祥，日日是好日，下雨颳風天是好日子，生病臥床也能體味活着的每一絲樂趣。

這樣的人生，何等的安然而充實。

禪師們臨死對死亡來臨時的那種寧靜曠達，讀來常常令人震驚！

法常禪師預感到自己要死了，便對弟子們說：將要來臨的不可抑止，已經逝去的無法追回。弟子們聞言，心中悲戚。寂靜之中，忽然傳來老鼠吱吱的叫聲，法常平靜說道："就是這個，並非其他，你們各位，善自保重，我今去矣。"說完就去世了。

死亡，是如此平常的小事，小到如同老鼠無意的叫聲。

以燒木佛取暖聞名的天然禪師，於長慶四年六月某日，對弟子們說："準備熱水洗浴，我要走啦。"洗完澡，禪師戴上笠帽，穿上鞋子，拄起禪杖，從床上下來，腳還沒有着地，就安然去世了。

而最令人震驚的，是一個名叫德誠舟子的禪師之死。

明代有個禪師叫善會，已經當了方丈，卻被道吾禪師問倒，便請教道吾："什麼是法身？"道吾說："我回答不了，你到華亭渡口去問那個撐船的船夫。"善會問："此人如何？"道吾說："此人上無片瓦，下無立錐之地。"──意思是說："這個人悟道，已到了大空大徹大悟的境地了。"他又囑咐善會："你要去，要換上平常僧人的衣服才好。"於是善會換了衣服，直奔華亭渡口而去。船夫見善會，便問他："大德住什麼寺？"善會說："寺即不住，住即不似。"又問："不似個什麼？"善會答："不是目前法。"船夫問："什處學得來（這些滑頭話）？"善會答："非耳目之所到。"船夫說："一句公案話頭，萬世拴驢的木橛。"又考問善會："垂釣千尺長，是想釣大魚，離釣鉤三寸，你為什麼還不回答？"善會正要回答，卻被那船夫一槳打入水裏。善會剛爬上船，船夫又說："快說！快說！"善會剛想開口說佛經裏如何，又被打入水裏。善會豁然大悟，於是向船夫點了三下頭。

船夫這才說："竿頭絲線從君弄，不犯清波意自殊。"意思是："拿了魚竿，並不釣魚，這才是真正的禪機啊。"善會問："拋綸擲釣，師意如何？"意思是"假如不要釣魚竿和絲線，又如何呢？"船夫說："絲懸綠水，浮定有無之意。"意思是"絲在水面漂浮，非空非有，任遠自在。"善會懂了，於是說："語帶玄而無路，舌頭談而不談。"這話契合了船夫的意思，船夫說："我釣盡江波，今天終於釣到一條金鯉魚。"善會便用雙手捂住耳朵。船夫說："妙極了，妙極了！"於是鄭重交代他："你從此後必須藏身不見蹤跡，在這見蹤跡處藏身——這是我在藥山和尚那裏修習了三十年明白的一點小道理，今天，你既然明白了這個道理，只有在深山裏修習，找一個半個接班人，不要讓這個燈火斷滅。"

善會告別船夫上岸，頻頻回首，十分感激。船夫忽然喊："大德！"善會回頭，船夫豎起木槳，說："你今後別再提起今天這回事！"說完把船弄翻，自己落水而死。

這個叫德誠舟子的禪師，是悟證了大道的"真人"，三十年心得，沒人傳習，所以在華亭渡口天天渡人，這一天，終於找到一個接續燈火的人，於是，此生的使命完成了，便安然告別人世而去。兩個

◀◀ 禪師洞山良價。

和尚之間的對話，高深莫測，但船夫
的悲壯又安寧的死，多麼令人感慨！

有個和尚問洞山良價禪師："和
尚死了火化之後，到什麼地方去
了？"良價說："你去看看火燒過後
殘留下來的茅草。"

這便是高僧對死亡的注解。"野火燒不盡，春風吹又生"。人死
了，肉體燒掉了，化成灰燼了，但這又有什麼關係？還有新的生命會
誕生，"我"如果和宇宙合一，"死"是平常事，只要有生命在，那
等於這個"我"還在，那麼，我死而化灰，又有什麼可以悲傷的呢？

當一個人把死亡看得有如老鼠來來去去，有如草木生生枯枯之
時，他怎能不生活得從容而安詳？而一個生活得從容而安詳的人，還
有什麼事情可以使他痛苦或苦惱嗎？當一個人沒有了痛苦和苦惱，這
樣的人生不是比因對死亡憂心忡忡而活得不知生的滋味者要曠達一千
倍、一萬倍嗎？

這便是高僧們之所以非要"勘破生死關"不可的緣由。

有個叫大含的禪師，一天夜裏獨自在方丈室讀書，一個強盜手持
大刀闖進去。大含禪師目不離經書，問："你是要我的命，還是要我
的錢？"強盜說："要錢。"和尚把錢給了他，說："順便把門給我
關好啊。"這強盜後來對人說："我打家劫舍一輩子，從來沒有像那

天晚上那樣大驚失色過！"

　　諸葛亮為什麼在空城無兵把守時還能手撫長琴而方寸分毫不亂，便因為他早已立下 "鞠躬盡瘁，死而後已" 的決心。

2. 拒絕偶像崇拜

　　一個不怕死的覺悟了的人，也不會畏權勢——比如官、佛、經。

　　世界上的宗教大多講究偶像崇拜乃至迷信，耶穌和真主是絕對不能懷疑的，更不能謾罵，經書也是應該奉若神明的——因為經書代表了神的旨意。

　　但是，唯獨佛教中的禪宗，不但反對迷信，反對偶像崇拜，反對死讀死信經書，還提倡懷疑一切神聖不可侵犯的東西——所謂 "頓悟"，是提倡 "自覺"（覺悟）乃至 "覺他"，參禪的第一要領，便是 "提起疑情"，不疑，便沒有覺悟。

　　所以禪師們有 "念一句佛，漱口三日" 的口頭禪，即達摩所說的 "廓然無聖"。典型的故事是 "丹霞燒木佛"。石頭希遷的弟子丹霞天然禪師，有一次行腳寄住在惠林寺裏，天很冷，他便將寺裏的木雕佛像劈成柴火，燒火取暖。寺主斥罵他，丹霞

三十八世仰山慧寂禪師

▶▶ 為仰宗創始人仰山慧寂。

說："我燒佛的屍體，尋找其中的舍利子。"寺主說："木佛哪會有舍利子？"丹霞說："既然沒有舍利子，便是假佛，既然是假佛，便是一堆木頭，又為什麼燒不得呢？"

這是一則千古佳話，丹霞的大不敬佛，不但沒有受到後代禪師的非議，人們反而稱讚他是一位真正有所覺悟的高僧。

仰山慧寂禪師是溈山的學生，溈山教導他："不要執著文字。"仰山說："我沒有信仰，哪裏會執著文字？"溈山問："你是信了才不要呢，還是不相信才不要？"仰山說："我只信我。連佛我都不信。"溈山說："那麼，經書裏有多少是佛祖說的，多少是魔鬼說的？"仰山說："全部是魔鬼說的。"溈山聽後大為稱讚，說："從此後，再也沒有什麼東西可以困擾你了。"

仰山後來繼承溈山的衣缽，歷史上將溈仰二人並稱，即"溈仰宗"。

佛像非佛，這倒容易理解，"經是魔說"，便有幾分費解——佛經明明是佛陀說法的文字記錄，為何稱為"魔說"？

這是因為：指頭不是月亮，文字不是佛的語言本身，既然為此，執於並非大道本體的語言或文字，便走入魔道，故仰山稱之為"魔說"。

經為魔說，那麼，真正的"道"，便只有在活生生的"我"內心之中了，即"心佛"才是"真佛"。

高僧們既然可以目無佛祖，世俗人所敬畏的達官貴人，在高僧們眼裏，便更是非聖無聖了。

南梁傅大士某日正在講經，當朝天子梁武帝來了，聽經的人全部起立行禮，誠惶誠恐迎接皇帝的到來，唯獨傅大士穩坐不動。一個大臣對他說："皇帝駕臨，你為什麼站都不站起來？"傅大士說："佛法之地，豈可妄動？如若妄動，一切不安。"

皇帝都可以不理睬，一般官員，自然更不在話下。

某個大官想學禪，便請大愚和愚堂兩位禪師去他府上作客，愚堂奉承說："你天性聰敏，可以學禪。"而大愚禪師卻說："你這呆頭漢，雖然身居高位，對禪卻一竅不通。"

結果，那挨了罵的官員，恭恭敬敬地為大愚禪師建了一個寺廟，拜他為師，阿諛奉承的愚堂禪師，反倒受到冷落。

大愚禪師明白這個官員是個有根器的人，一罵，反倒使他契悟了禪理——禪"直指人心"，而"佛性平等"，要學禪，只有具平等心，才能入門。當然，大愚遇到的是一個明白官，否則，他這種"不敬官"的態度，在一個真正糊塗官手下，怕是要吃點苦頭的。

真正的高僧，是心不容塵的，既然連生死大關都透過了，連佛祖和佛經都不放在心上，世俗寵辱枯榮，又何足掛心哉！

3. 留下一分禪悅

心無生死榮辱與悲懼，時時刻刻都明湛湛赤條條無障礙無牽掛。

嚴陽禪師拜趙州禪師為師，他請教趙州："什麼東西都不牽掛時該怎麼做？"趙州說："把它放下。"嚴陽問："什麼都不牽掛，還放下什麼？"趙州說："那好吧，你就挑着它吧。"

趙州說的是反話。冥想着"一物不將來"之時，其時便有負擔，所以必須把這個"一物不將來"也統統放下，如果放不下，便是"擔取去"——挑着它不放。

放下一切負擔，從生死、聖凡，到有無，無生無死，無聖無非，無有無無，這才安詳無礙。

有個和尚請教臨濟宗的風穴延沼禪師佛法大意，風穴回答：

> 長憶江南三月裏，
> 鷓鴣啼處百花開。

禪便是自然、天然、寧靜、安詳，心地通脫透明，有如一片春天景象。

人生之所以有苦難悲傷，在於掛念牽扯和畏懼憂恐太多，一旦證悟大道，掃盡畏懼和對外物的牽掛，便獲得大自在，而一個獲得大自在的人，泰山在眼前崩塌下來還可以不眨眼皮，這樣的人生，是何等的無牽無掛、祥和安寧啊！弘一法師臨終之際，手書"悲欣交集"四個字，真正達到了大徹大悟，視死如歸的大境界。

175

餘　論

一、禪宗美學

　　中華民族是最早進入定居、農耕生活的民族之一。東亞地區溫暖宜人的氣候、廣闊富饒的平原、茂密的森林，為她提供了良好的生存環境。作為一種集體記憶，這種美好的生活圖景植根於每個人的意識深處，不時閃現。陶淵明的《桃花源記》，是這種記憶最完美、最典型的表達，永為後世文人效法。

　　以上所言，僅指文學的層面，若上升到玄學的層面，則以老莊哲學為代表，集中表達了逃避世界的喧嘩，清靜無為，回歸自然的思想。

　　東漢時因為與西域各民族的交往，帶來了發源於印度半島的佛教。南亞半島是一塊酷熱的土地，似乎任何文化建構，最終都會像水分子一樣，被蒸發乾淨，因此，佛教講究空和滅，也就一點都不奇怪了。

　　初期的佛教，宣傳因果報應、六道輪迴等思想，並與當時的道家方術相混雜。其後隨着翻譯的佛經越來越多，政府力量的介入，文化人的參與，佛教終於與老莊哲學結合起來，並流傳到社會的各個角落。到盛唐時代，終於由慧能大師創立了禪宗頓教，普及天下。從此，禪宗作為中國佛教第一門派，獨領風騷一千年，對中國文化，乃至日本、朝鮮產生了深遠的影響。

然則，中國與印度終究有所不同。中國地廣人稠，相較而言，生存條件遠優於印度，因而，中國人還是樂於有所建構而非一味解構。特別是到了明清時代，除了個別邊遠地區，南方已經被開發得差不多，人口急劇膨脹。這麼多人生活在一起，總得有一個社會秩序才行，因此，儒家那套倫理價值，因為受到統治者的青睞而一直佔統治地位。明清的極權專制時代，佛老兩家，漸漸就被儒家蠶食、同化，禪宗因此開始走向衰落。

今天重提禪宗、禪學，多半是出於對傳統文化的熱愛，也因為人們不能忘記農耕時代那種田園牧歌式生活的記憶。現代生活節奏極快，人們普遍感到壓力很大，心生焦慮。故，有了所謂“旅遊熱”，實際上就是盼望回歸自然，使心靈得到休息。像西藏、雲南、新疆，以及各處名山大川、自然保護區、水鄉村落，都成了人們嚮往的地方。

“禪宗熱”的興起，出於相同的時代背景，它反映了當代人於忙碌的生活中，尋找一處讓心靈憩休的精神家園的願望。這種尋覓的結果終於發現，文學、書畫、園林藝術、裝修設計、插花、茶道，處處都能寄寓禪宗美學的意蘊。因為前面章節對此已有介紹，在此不贅。

二、禪宗智慧

對於以求知為樂的人，禪宗最吸引人的地方，還是它的智慧。“人人可以成佛”的說法，實不亞於西方啟蒙時代的“天賦人權”一詞，又類似秦末陳勝所說的"王侯將相，寧有種乎"，是一種極具革命性的民主思想。在教育理念方面，這種思想的意義也是重大的，相當於"有教無類"的意思，不分種族階級，都有接受教育的權利。同時，它也能給人帶來信心：只要我肯學習，別人能懂的東西我也能學會。一般對宗教不甚瞭解的人，都以為宗教是一種迷信，但禪宗是反對迷信，反對偶像崇拜的，這在前面的章節中都有講過。

禪宗的頓悟一說十分契合辯證法，頓悟相當於質變階段。宋詞中有"眾裏尋他千百度，驀然回首，那人卻在燈火闌珊處"之句，指的就是這一情況。在進化論中，這一過程相當於突變，導致了一個新的系統或物種的出現。在思維中，它指人達到了一個新的思想境界。因此，它對做學問、搞創作都具有指導作用。在中國古代的詩學中，有關意境的理論就是從禪宗境界說中得來。現代文學創作理論中，靈感說也與頓悟有關。靈感，在西方意謂受到聖靈的啟示，中國舊的說法是"如有神助"，或"下筆如有神"。通過頓悟，主體的精神突入另一種境界，就像跳舞的人進入一種迷狂的狀態。這樣創作出來的作品，通常都能達到意想不到的效果，因此有的藝術家不惜酗酒甚至吸食麻醉品，以期獲得這種靈感。

禪宗要求人們"破執"，去除"業識"，"提起疑情"，這對研究任何東西都是有啟示意義的。每個人都出生於某一個文化圈中，生長在某種風俗習慣中，日久而習以為常。比如，按中國人的眼光，皮膚白是一種美，但這種觀念如果用到黑人身上，黑人中就沒有美人了。又比如蘋果落地，就像人往高處走，水往低處流現象一樣，我們都覺得從來就這樣，沒有什麼好奇怪的，但人家牛頓偏偏不肯輕輕放過，終於發現萬有引力定律。說到水往低處流，順便提一下道教人物李道純的偈頌：眾水總朝西。在中國，向來都是"一江春水向東流"，哪裏有眾水朝西流的？李道純並非真的說眾水朝西流，而是提醒人們要反思，不要人云亦云。做學問的人經常談到提出問題比回答問題更重要，這就是禪宗所謂"提起疑情"。如果覺得什麼都平常，那就什麼都寫不出來，什麼都研究不出來。懷疑（批判）精神是思索的開始，使人意識到另一種可能性、另一種活法的存在，因而，它是一種推動社會進步的動力。

　　以上所舉，也是泛泛而談，只能及禪宗智慧之萬一，筆者僅希望通過拋磚引玉，引起更多人研究、探討。

三、禪的不足

　　第七章的"頓悟還須漸修"一節，我們已約略提到頓悟的不足。事實上，不進行漸修，一步到位的頓悟是不可能的，正像不讀二十年書，一下子要拿博士學位，是不可思議的。"頓悟成佛"包含着一種"大躍進"式的思維方式，它雖然能吸引更多的人參與禪宗修養，但這種思維方式卻在中國歷史上不止一次帶來慘痛的教訓。因此，對於頓悟還要有一個正確的認識，這樣說並非對它的否定，而是對它的含義的適當調整。它應當是對思維過程中突然進入一種新的境界的描述，即我們前面提到的"豁然開朗"。它是一種狀態的描述，而非一種進入此種狀態的手段，必須加以區別。真正要達到頓悟，還是要走勤勉的路，而不是一條"多、快、好、省"的道路。正像地球上有造山的構造力，也有將其削平的自然力。世上有使人類心靈純潔的力，也有使它染上塵埃的力，因此"時時勤拂拭"是對的，中國古詩說得好："流水不腐"，"為有源頭活水來"。禪宗到了明代以後，日漸疲憊，就是因為已經沒有源頭活水了。

禪宗的"不著文字"，包含着對語言文字，乃至文化（業識）的否定。雖然西方哲學家維特根斯坦有句名言："對可以言說者言說"，區分了可以言說和不可言說兩部分，因而確定有一個"不可言說"的世界，這個世界相當於波普爾說的不可證偽者，屬於信仰的範圍。但是，終究存在一個可以言說的、文字的世界，因而有學校、圖書館，使人類的知識得以薪火相傳。禪宗是出世的，所以，它堅持對現存世界的離棄，這並不奇怪。但是，佛要啟蒙的人，都是些常人，一直受到語言、文化的規約，這是個既成的事實，要將這些人帶離這個已經文化了的世界，要採用特殊的方法，就是"以心傳心"。但"人心隔肚皮"，很難相傳，就只好用打啞謎、用身體語言，還是行不通，最後只好遷就常人，著書立說、開講壇。其實，釋迦牟尼在世之日，也沒有放棄用語言文字說教。

排斥語言文字，對禪宗各位大師來說，我們可以相信他們真的想把人帶到一個美好的境界。但在20世紀的中國，確實鬧過笑話，就是"考白卷光榮"，"知識越多越反動"。我們並不想把禪宗的"不著文字"、去除"業識"說成是這種思潮的根源，以免有厚誣古人的嫌疑。宗教只是一種上層建築，其底層，更根深蒂固的是國民性。在西方，像黑格爾、波普爾等人，都明言感覺、現象的不可靠、不確定性，人作為唯心動物這一點是沒有疑問的。這一點，與禪宗是相通的，也是禪宗佛學的偉大之處。但羅素、波普爾等人還是堅持要從常識入手，把常識作為研究的基礎，這就是所謂出世還須入世法。波普爾的知識進化圖式，倒是類似於禪宗中"見山是山，見水是水"三個階段說。至於語言，西方有"我思故我在"，"人在言說中存在"的名言，對語言是青眼有加的，並且把它當作人與動物的區別標誌。當然，後現代哲學中，如福柯等人就注意到存在話語權的遮蔽，這也與禪宗相通，但沒有走到廢除語言的地步。

最後，我還想提一下實踐方面。禪宗作為心性之學，僅限於個人修養，很少介入社會，比如像西方宗教一樣傳教佈道。禪宗對於社會的影響，總的來說遠遠不及西方宗教。禪宗的組織形式是叢林制，自給自足，不像中世紀基督教收十一稅。這種組織形式雖然有助於禪宗存在近千年，但弊端也很多：一是比較封閉，與世隔絕；二是到了後期，經常有僧人勾結官府，霸佔民田，這也是導致普通百姓對和尚道士敬而遠之的原因之一。比較中國與日本就能明顯覺得，日本禪宗對日本民族現實生活的滲透，要遠勝過中國。比如園林、茶道、插花、武士道。一種精神必須附着在形式（儀式）中，就如靈魂必須依附於肉體；拒絕形式，某種意義上就是自取滅亡。這對中國禪宗來說是一個深刻的教訓。今天，只有在文學、書畫中還可以追尋到禪宗美學的一些痕跡，但也模棱兩可，至於其他生活藝術，就更是無跡可求了。如今想發揚禪學，也只能重印經卷擴大流佈，或出版一些書籍給予介紹，此外很難找到一種更切實可行的形式。

以上對禪宗的褒貶，也是一家之言，對與不對，留待專家學者評判。因為整部書，都是以讚美、宣傳禪宗為目的，在結尾的時候，指出一些不足，也算是一分為二，存其精華，去其糟粕。

四、禪學展望

禪學作為一種過往的學問，在現代社會是否還能夠立足？答案是肯定的，日本禪學大師鈴木大拙在西方講授禪學，在洋人中還造成不小的影響呢。不過時代已經不同，禪學也自然面臨着一個推陳出新的問題。

禪宗講究“識性成佛”、“明心見性”，與西方哲學也有共同之處，如柏拉圖、笛卡爾都曾言“天賦理性”，“知識就是回憶”。如果沒有天賦“佛性”，何來“識性成佛”？而所謂“回憶”就是回到本源，去除蒙蔽，是所謂“識性”、“明心”。以此例子，可以說明做一些與西方哲學的溝通，對禪學也不無裨益。

禪定也好、瑜伽也好，其實都是對主體精神的一種控制方法，類似於催眠術。從人類學研究可知，世界各民族，特別是那些原始民族，都流行某種類型的巫術，通過特定的催眠手段，使人進入一種迷狂的狀態，達到人與神的溝通。對此類問題，研究得最為深刻的還數心理學和精神分析，因為人的精神心理中包含着許多層次，許多系統（格式塔心理學稱為完形）或結構。通過催眠、做夢、精神失常，我們可以窺見一個人平常不會表現出來的那些精神結構。這方面的先驅當然就是弗洛伊德，而將禪學與心理學溝通，首推鈴木大拙，他與弗洛姆合著有《禪與心理分析》一書。而在分析俳諧大師松尾芭蕉的《古池》詩時，他又運用了潛意識的理論。

禪宗中有妙語：“青青翠竹，盡是法身；鬱鬱黃花，無非般若。”理解起來讓人摸不着頭腦。若說翠竹黃花中包含着真理，還是失之寬泛；若說植物中包含着細胞、分子、基因，體現着宇宙法則，也非三言兩語就能說清。我們還是從另一句話入手，比如“掃地不傷蟻螻命”。為什麼要珍惜動物的生命？一般都理解為輪迴，其實輪迴之說中也包含有粗糙的真理。是相似性帶來了同情心，正如中國古語“兔死狐悲，物傷其類”所說的一樣。佛意識到人是從植物、動物演變來的，翠竹黃花、飛蛾蟻螻，如非人的祖先，則是人的親戚。而要說明這些問題，必須訴之進化論、生物學、遺傳學。

　　也許，禪學的推陳出新，必須走一條中西合璧的道路。